世界で
いちばん
やさしい

中国語の授業
超入門クラス

川原祥史 著

高橋書店

本書の使い方

本書は、中国語をはじめて学ぶ"超初心者"の方に向けた入門書です。先生と生徒が会話をしながら授業を進める「レッスンページ」で中国語のフレーズや使い方を学び、授業の合間にある「おさらいトレーニング」で復習しましょう。

｜レッスンページ｜

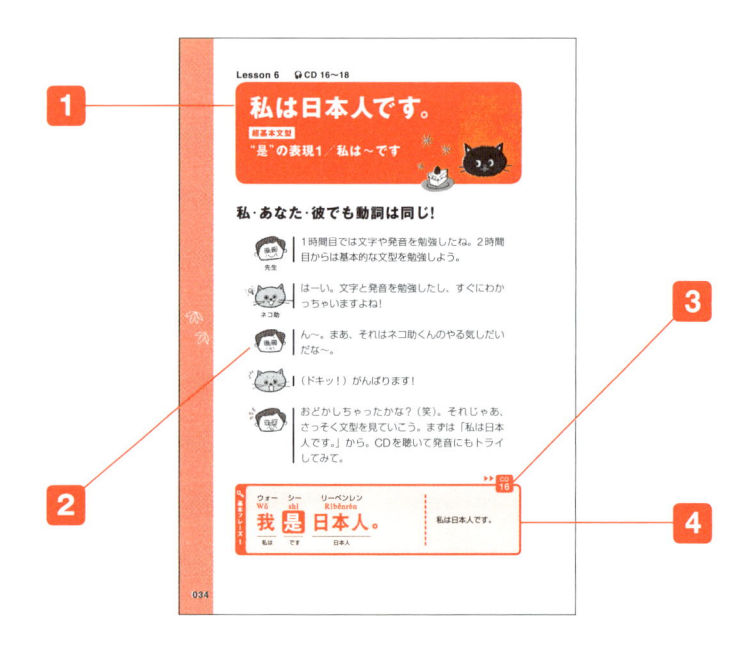

1 タイトル
レッスンで学ぶ項目がタイトルになっています。

2 先生と生徒
川原先生が生徒のネコ助くんに中国語のフレーズや使い方についてレッスンします。2人のやりとりを読みながら中国語を学びましょう。

3 CD
重要なフレーズはCDに収録されています。発音を聴いて、発声し、正しい発音を練習しましょう。

4 基本フレーズ
基本となるフレーズです。中国語の下に単語ごとの訳（逐語訳）、中国語の右側に日本語訳をのせています。基本フレーズを発展させた「応用フレーズ」もあります。

5 入れかえフレーズ

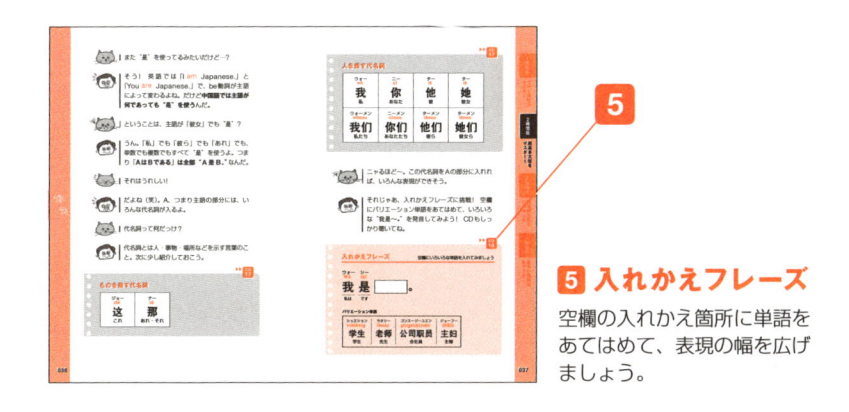

空欄の入れかえ箇所に単語をあてはめて、表現の幅を広げましょう。

おさらいトレーニング

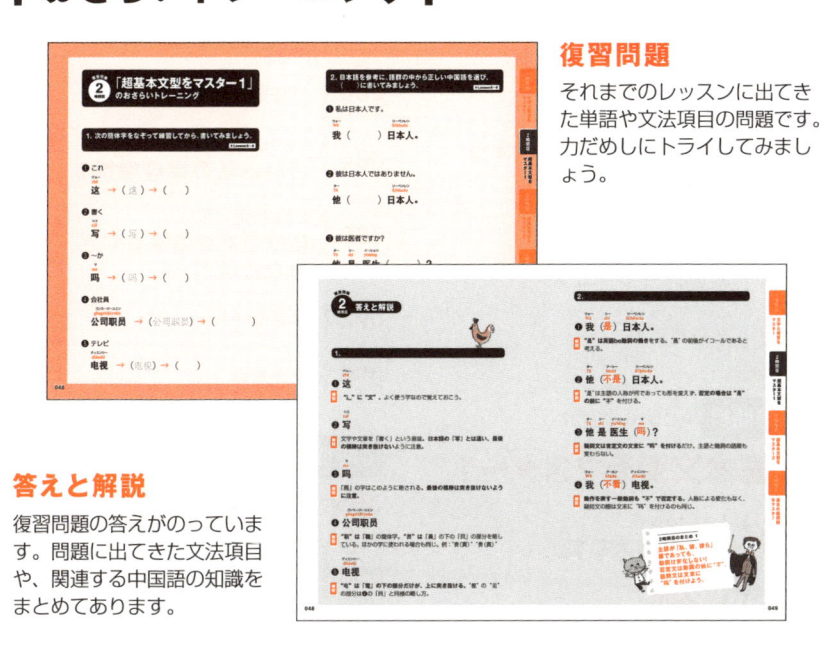

復習問題

それまでのレッスンに出てきた単語や文法項目の問題です。力だめしにトライしてみましょう。

答えと解説

復習問題の答えがのっています。問題に出てきた文法項目や、関連する中国語の知識をまとめてあります。

【CDの取り扱いについて】
ディスクをいつでもよい音でお聞きいただくために、次のことにご注意ください。
● ディスクの信号面（文字や絵柄のない裏面）には細かい信号が入っているため、静電気でほこりが付着しただけで音が出なくなる場合があります。ディスクをはじめて取り出す際には、ビニールについた接着剤が付着しないようご注意ください。万一、指紋、汚れ、傷などをつけた場合には、やわらかい布を水で湿らせ、内側から外側に向かって放射状に軽く拭き取ってからお使いください。
● ディスクには表裏にかかわらず、ペンなどで記入したり、シールを添付したりしないでください。
● ひび割れや変形したディスクは使わないでください。プレイヤーの故障原因となります。
● 直射日光の当たるところや高温多湿の場所には保存しないでください。

もくじ

- 002 | 本書の使い方
- 006 | この本の登場人物

1時間目 ▶CD03-CD14
文字と発音をマスター

- 008 | **Lesson 1** 中国語ってどんな文字？
- 012 | **Lesson 2** 発音にトライ1
- 016 | **Lesson 3** 発音にトライ2
- 020 | **Lesson 4** 中国語の音程に慣れよう
- 024 | **Lesson 5** あいさつしてみよう
- 028 | おさらいトレーニング
- 032 | 休み時間1

2時間目 ▶CD16-CD27
超基本文型をマスター1

- 034 | **Lesson 6** 私は日本人です。
- 038 | **Lesson 7** 彼は中国人ですか？
- 042 | **Lesson 8** 私はテレビを見ます。
- 046 | おさらいトレーニング
- 050 | **Lesson 9** お茶をどうぞ。
- 054 | **Lesson 10** 私はうれしいです。
- 060 | おさらいトレーニング
- 064 | 休み時間2

3時間目 ▶CD29-CD39
超基本文型をマスター2

- 066 | **Lesson 11** 私は辞書を持っています。
- 070 | **Lesson 12** 私は辞書を持っていません。
- 074 | **Lesson 13** 先生は教室にいます。
- 080 | おさらいトレーニング
- 084 | **Lesson 14** これは私の携帯電話です。
- 088 | **Lesson 15** 私は音楽を聴きますが、あなたは？
- 092 | おさらいトレーニング
- 096 | 休み時間3

4時間目 ▶CD41-CD56
基本の疑問詞をマスター

- 098 | **Lesson 16** あなたは何を飲みますか？
- 102 | **Lesson 17** 銀行はどこにありますか？
- 106 | **Lesson 18** この腕時計はどう？
- 110 | おさらいトレーニング

114	**Lesson 19** あなたはパンを 何個ほしいですか？		178	**Lesson 29** 私はメールを送りました。
118	**Lesson 20** あなたはいつ 上海に着きますか？		182	**Lesson 30** 私たちはおしゃべりを しています。
124	おさらいトレーニング		188	おさらいトレーニング
128	休み時間4		192	休み時間6

5時間目 ▶CD58-CD72

基本文型をマスター1

130	**Lesson 21** 1998年10月4日
136	**Lesson 22** 私はあなたに 中国語を教えます。
142	**Lesson 23** 彼が来ますか？ それともあなたが来ますか？
146	**Lesson 24** 私は7時から8時まで テレビを見ます。
152	**Lesson 25** 私はカラオケに行きたいです。
156	おさらいトレーニング
160	休み時間5

6時間目 ▶CD74-CD85

基本文型をマスター2

162	**Lesson 26** わかりました。
168	**Lesson 27** 私はちょっと見てみます。
172	**Lesson 28** 私は中国語を話せます。

7時間目 ▶CD87-CD96

基本文型をマスター3

194	**Lesson 31** 私は中国に 行ったことがあります。
198	**Lesson 32** 私はプレゼントを 買いに行きます。
202	**Lesson 33** これはあれより高いです。
206	**Lesson 34** あなたは話すのがうまいです。
210	**Lesson 35** いろいろな"没有"を 覚えよう
214	おさらいトレーニング
218	この本で学んだ 基本文型・文法のまとめ

アートディレクション：細山田光宣
デザイン：横山朋香
　　　　　（細山田デザイン事務所）
イラスト：seesaw.
ナレーション
　　　　中国語：李洵
　　　　日本語：水月優希
録音：㈶英語教育評議会（ELEC）
校正：㈱ぶれす
編集：㈱エディポック

この本の登場人物

ネコ助

キャッツ大学経済学部を卒業後、中堅商社のコザカナ商事に入社。中国出張を命じられ、中国語の勉強を始める。在学中に専攻した第二外国語はドイツ語で中国語ははじめてだが、三国志は大好き。

川原先生

メーカー・商社勤務を経て、中国語講師となる。性格は冷静沈着、論理的で簡潔な解説に定評がある。企業に勤めていた経験を生かし、本当に役立つ実践的な講義を研究している。

1時間目

文字と発音をマスター

中国語学習の第一歩として、まずは文字と発音から
勉強しよう！ 漢字を略した簡体字の形、
中国語独特の発音や音の上がり下がりなど、
ごくごく基本的な部分から始めるよ。

Lesson 1

中国語ってどんな文字？

文字と発音
簡体字とピンイン

漢字を簡単にしたものが使われている

先生：ニーハオ！ 私は川原祥史（よしひと）。日本のみんなに中国語を教えているよ。今回の生徒は君だね？

ネコ助：はい！ よろしくお願いします（礼）。ぼくはネコ助といいます。コザカナ商事の営業部に所属していて今度、中国に進出することになったんで、中国語を勉強しようかな〜と思ったんです。

先生：そうか、そうか。

ネコ助：中国語の知識はまったくないんですが、日本と同じで漢字を使ってるから簡単ですよねえ？

先生：んん？ たしかになじみやすいとは思うけど、勘違いされちゃ困るなあ…。

ネコ助：えっ?! もしかして、けっこう難しいの？

先生：あはは！ ちょっとアセッたかな？ じゃあ、まずは中国の文字についての話。**中国の文字は「簡体字（かんたいじ）」という漢字で表現されている**よ。

🐱 日本の漢字とは違うんですかあ？

👨 そう。1950年代に国の政策として定められ、**画数の多い漢字を簡単にして書きやすくした**んだよ。たとえば"网"のもとの漢字は何だと思う？

🐱 "网"？　ぜんっぜんわかりません…（泣）。

👨 これは「網」の簡体字。ちなみに"笔"は「筆」の簡体字。わからなくて当然だから安心して。簡体字の一例をまとめてみたよ。

簡体字の一例

	日本語　中国語	日本語　中国語
もとの字形の一部分を残す	習 → 习	麗 → 丽
全部または一部に同音の字を使う	機 → 机	認 → 认
草書体（くずし字）を応用する	書 → 书	車 → 车

日本語と同じ意味の単語も違う意味の単語もある

🐱 こんなに変わっちゃうなら、中国の人と筆談しても通じない？

👨 通じる部分もたくさんあるよ。漢字は同じでも日本語とは意味が違うものもあれば、字面と意味が同じものもある。次に少しまとめてみたよ。

日本語と同じ意味の単語

日本語	中国語	日本語	中国語
大学 →	大学	教室 →	教室
身体 →	身体	水 →	水

日本語とまったく意味の違う単語

日本語	中国語	日本語	中国語
皆さん →	大家	歩く →	走
夫 →	丈夫	輸出 →	出口

> 本当だ〜。"走"が「歩く」なんて、笑っちゃう。

> ほかにも"手紙"が「トイレットペーパー」だったり、"麻雀"が「スズメ」だったりするんだ。

中国語の発音記号"ピンイン"

> あれ？ ネコ助くん、なんだか落ち込んでるね。

> だって、思ったより難しそうだから…。

> あはは！ そんなに落ち込まないで。この授業ではゆっくり丁寧に教えるから大丈夫。次は発音について少し紹介しよう。

> 文字を見てもよくわからないのに、発音なんて絶対にできないよー！

大丈夫、大丈夫。簡体字には「ピンイン」というローマ字がふられていて、それを読めばいいだけなんだ。それに**音程を示すのが「声調」**っていうんだよ。例を見てごらん。

mǎi　　　mài
买（買う）　卖（売る）　←"买""卖"が簡体字でその上にあるアルファベットがピンイン。aの上にあるマークが声調符号だよ。

ピンインはふりがなみたい。中国語って、外国人でも勉強しやすいかも。

そうかもしれないね。それじゃあ次は声調となる、四声を紹介しておこうか。

四声の種類（ー, ´, ˇ, ` を声調符号という）

1声	ā	高く、平らな音。驚いたときの「あーっ！」に近い音。
2声	á	低いところから高いところへ急に上がる音。人に何かを聞き返すときの「ああ？」に近い音。
3声	ǎ	ぐーっと下がり、尻が少し上がる音。ゆっくり長めにするのがポイント。
4声	à	上から下へ、ストンと落とす音。意外なものを見つけたときの「あぁ」に近い音。
軽声	a	軽く発音される音。前の文字の音節のあとに軽く添えて発音され、声調符号は付けない。

ここまででどう？**「簡体字＋ピンイン＋四声」を1セット**にして、立体的に身につけよう。

Lesson 2　CD 03〜04

発音にトライ1

文字と発音
単母音と子音

単母音は7種類

先生：よーし！ 次は発音の練習。まずは単母音から。日本語の「あ・い・う・え・お」のことだね。中国語ではこれが7つあるよ。

CD 03

単母音（7種類）

a		日本語の「ア」よりも口を大きく開ける。
o		日本語の「オ」よりも唇を丸く突き出す。
e		口の形は横に引いて「エ」。声はのどの奥から「オー」。
i (yi)		「イーだ!」と言うときのように唇を左右に強く引く。
u (wu)		前に唇を小さく丸めて突き出し、「ウー」。
ü (yu)		「イ」の口で「ウ」と発音。草笛を吹くときの感じで、唇を震わせる。
er		「e」の発音をしながら舌先を中に引く。

※（　）内は、前に子音が付かない場合のピンインの綴り。

🐱 どの音も難しい…。

👨 そうだよね。特に "ë" と "ü" の発音は日本語に似た音がないんだ。だから、苦手な生徒も多いよ。

🐱 どうすればいいの？

👨 "ë" は口は横に開くけど、「オー」と発音するイメージ。"ü" は「イ」の口で「ウ」と発音するよ。

🐱 うまくできるかな？

👨 口の形のイラストをイメージしながら何度も発音してみようね。

🐱 はーい。

子音は21種類

👨 次は子音の練習。単母音は7種類だったけど、子音はいくつあると思う？

🐱 んん〜、10種類くらいかな？

👨 びっくりしないで、…正解は21種類。

🐱 えっ?! ぼくには無理です（きっぱり）。

👨 そんなこと言わないで（笑）。まずは前半の11種類から。CDを聴きながら発音してみよう。

子音の種類1（11種類）

	無気音	有気音	どちらにも分類されない音	
唇をぴったり合わせて出す音	b (o)	p (o)	m (o)	f (o)
舌の先を上の前歯の裏にあてて出す音	d (e)	t (e)	n (e)	l (e)
のどの奥で出す音	g (e)	k (e)	h (e)	

なんだか発音のしかたが複雑だなあ。先生、無気音と有気音の違いは何？

息の出し方が違うよ。**無気音は柔らかく、有気音は勢いよく**息を出すんだ。

意識してみよっと！

そうだね。次は後半の10種類。これもCDを聴いて発音してみよう。

子音の種類2（10種類）

	無気音	有気音	どちらにも分類されない音	
舌の先を下の前歯の裏にあてて出す音	j (i)	q (i)	x (i)	
舌をそり上げて出す音	zh (i)	ch (i)	sh (i)	r (i)
舌の先を前歯の裏にあてて出す音	z (i)	c (i)	s (i)	

どれもこれも難しい！

何度か聴くうちに慣れると思うよ。でも特に**"zh・ch・sh・r"は発音が特殊**。これは巻舌音っていってね、イタリア語みたいに舌を巻くんじゃなくて、**舌を引っ込める**感じかな。

舌を引っ込める?? な、なかなかできない〜。

うん。何度も練習してみて。それに"z・c・s"は、**前歯の先のほうで発音する**よ。

前歯の先のほうで発音? イメージわかないなー。

うん。英語の「キッズkids」「キャッツcats」「キスkiss」の、語尾に近い感じ。"i"が付きながらこんな発音をするのは"z・c・s"だけなんだよ。

へえ〜。ほかにも何かポイントはあるの?

うん。"j・q・x"に母音"u"を付けると、発音は"ü"に変身するよ。

は〜。なんだか複雑〜。日本語にはない発音が多いし、巻舌音とか意味不明だし。

あれ? 自信なくしちゃった? 中国語の発音は全体的に、**のどから出た息を「唇、舌、歯」で音に変える**傾向があるから、この3つを意識するといいかもしれないね。とにかく何度もCDを聴いて、発音してみよう!

Lesson 3　CD 05～06

発音にトライ2

文字と発音
複合母音と特殊な発音

複合母音は13種類

先生：次は複合母音と鼻母音。まずは複合母音から。

ネコ助：母音がまだ続くの?!

先生：ごめんね（笑）。**複合母音は単母音を2つ以上組み合わせたもの**。たとえば "a+i" で "ai"、"i+a+o" で "iao" っていう感じ。全部で13種類あるよ。

複合母音の種類（13種類）

1	ai	ei	ao	ou	
2	ia (ya)	ie (ye)	ua (wa)	uo (wo)	üe (yue)
3	iao (yao)	iou (you)	uai (wai)	uei (wei)	

※（ ）は、前に子音が付かない場合のピンインの綴り。

ネコ助：❶❷❸ってあるけど、これは何？

先生：これは発音が似たものどうしのグループ分け。グループ別に特徴を説明するね。

1 最初に口を大きく開けるグループ

ai	「ア」をはっきりと。「イ」は軽く添える。
ei	"e"の部分は「エ」のように発音。ほかの複合母音の場合でも同様。
ao	「オ」の口が丸いので、「アゥ」に近い発音をする。
ou	「オ」のあとに、自然に「ウ」を添える。「オー」とならないように。

2 最後に口を大きく開けるグループ

ia (ya)	「イ」「ア」を滑らかに続ける。「ヤ」ではなく「イア」。
ie (ye)	英語で「Yeah!」というときの「イェ」に近い。
ua (wa)	最初に唇を丸く突き出す。「ワ」ではなくて「ウア」。
uo (wo)	まず唇を丸く、それから緩めて広げていく。
üe (yue)	単母音にあった"ü"の口から「エ」に自然につなげる。

3 途中で口を大きく開けるグループ

iao (yao)	「ア」をはっきり。発音は「ヤオ」というよりも「イアオ」に近い。
iou (you)	「イオウ」の感じ。前に子音が付く場合は"o"を省いて"iu"と表記する。
uai (wai)	はじめに唇を丸く、真ん中の「ア」をはっきり。「ウアイ」。
uei (wei)	「ウエイ」のように聞こえる。前に子音が付く場合は"e"を省いて"ui"と表記する。

ちょっと長めの母音っていう感じだー。

うん。カタカナを「イ・ア・オ」とひと文字ずつしっかり発音するんじゃなくて、切り離さないで流れるように発音するのが複合母音のポイントだよ。

なるほど！　なんとなくわかったかも。

鼻母音は16種類

次は鼻母音。これは全部で16種類だよ。

鼻母音？　また意味不明の母音が…。目がまわる。

うん。鼻母音は、鼻にかかった音のこと。母音の語尾に"n"や"ng"が付いているよ。**"n"は舌先を上の歯茎に付けて短めに、"ng"は口をやや開いて鼻にかかった発音をする**のがコツ。

全然、わかりません…。

だよね？　日本語でイメージすると、"n"は「案内（あんない）」の「ん（n）」で、"ng"は「案外（あんがい）」の「ん（ng）」っていう感じかな。次の表を見ながら、CDを聴いて発音しよう。

はーい!!

鼻母音（16種類）

1 鼻に「かかる」か「からない」かによる組み合わせ

| an — ang |
| in (yin) — ing (ying) |
| uan (wan) — uang (wang) |

"ng"は口をやや開いて鼻にかかる音

※（ ）は、前に子音が付かない場合のピンインの綴り。

2 "ng"とつながると母音の発音が変わるもの

| en — eng |
| ian (yan) — iang (yang) |
| uen (wen) — ueng (weng) |

"en／eng"のように母音の部分の発音が変わる

"uen"は子音に続くとき、"e"を取って、"子音+un"とする

3 その他

| üan (yuan) | ün (yun) | ong | iong (yong) |

※（ ）は、前に子音が付かない場合のピンインの綴り。

🐱 ┃ 難しい…。ぼくは中国語の才能ないのかなー。

👦 ┃ 最初は誰でもそんな感じだよ。練習あるのみ！

Lesson 4　CD 07～11

中国語の音程に慣れよう

文字と発音
四声と声調の変化

上がり下がりの音程が大事

先生：ネコ助くん、四声は覚えてるかな？ Lesson1（P.11）で簡単に教えたよね。四声は、アクセントや調子の区別と考えておこう。次の表を見て、CDを聴きながら発音してみようね。

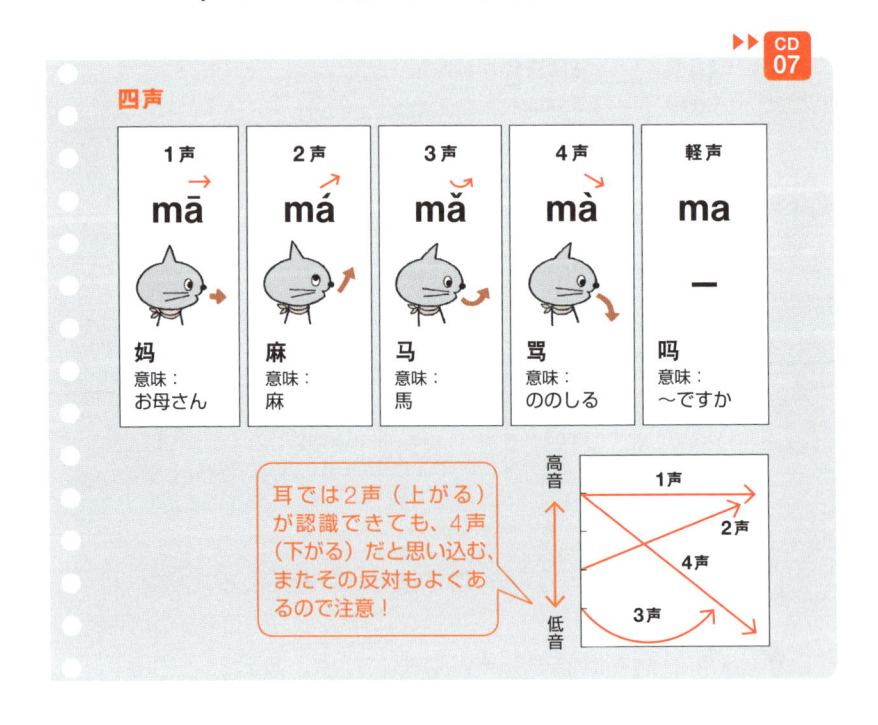

▶▶ CD 07

四声

1声 →	2声 ↗	3声 ⌵	4声 ↘	軽声
mā	má	mǎ	mà	ma
妈	麻	马	骂	吗
意味：お母さん	意味：麻	意味：馬	意味：ののしる	意味：〜ですか

耳では2声（上がる）が認識できても、4声（下がる）だと思い込む、またその反対もよくあるので注意！

高音 ↕ 低音
1声／2声／3声／4声

ネコ助: 同じ"ma"でも、声調が違うだけで意味も違っちゃうの?!

そうなんだ。日本語の「雨(あめ)」と「飴(あめ)」みたいな感じだね。ちなみにみんながよく間違えるのが2声と3声。
3声は2声より長く聞こえないかい？ **2声は急いで上がるように、3声はゆっくりと低いところで抑えるように発音する**のがコツだよ。

四声の発音にチャレンジ！

四声はとにかく実践するのが上達の早道。CDを聴いていろいろな声調の組み合わせを発音してみよう。

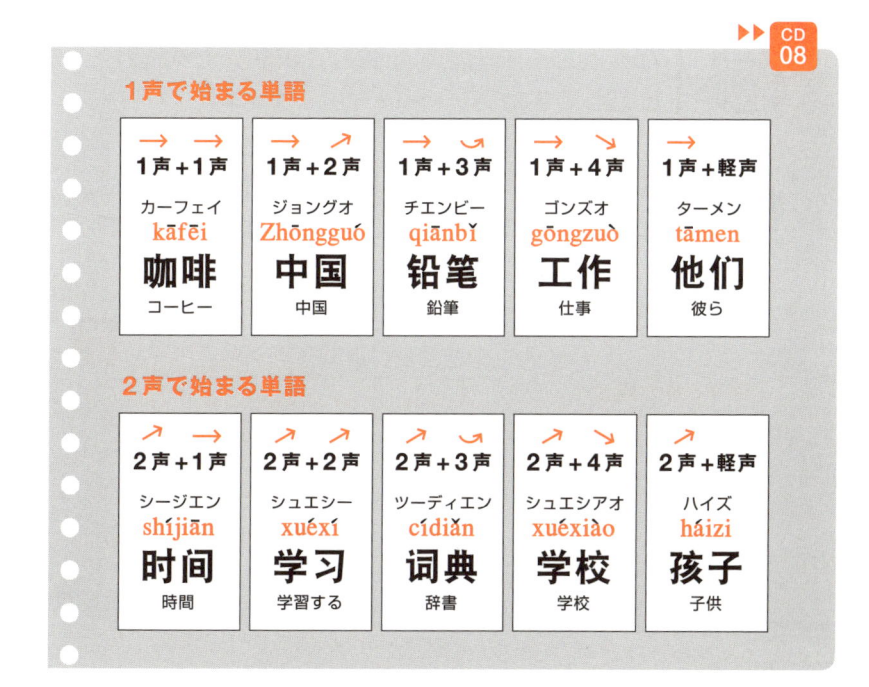

▶▶ CD 08

1声で始まる単語

1声+1声	1声+2声	1声+3声	1声+4声	1声+軽声
→ →	→ ↗	→ ↘	→ ↘	→
カーフェイ	ジョングオ	チエンビー	ゴンズオ	ターメン
kāfēi	Zhōngguó	qiānbǐ	gōngzuò	tāmen
咖啡	中国	铅笔	工作	他们
コーヒー	中国	鉛筆	仕事	彼ら

2声で始まる単語

2声+1声	2声+2声	2声+3声	2声+4声	2声+軽声
↗ →	↗ ↗	↗ ↘	↗ ↘	↗
シージエン	シュエシー	ツーディエン	シュエシアオ	ハイズ
shíjiān	xuéxí	cídiǎn	xuéxiào	háizi
时间	学习	词典	学校	孩子
時間	学習する	辞書	学校	子供

021

3声で始まる単語

3声＋1声	3声＋2声	3声＋3声	3声＋4声	3声＋軽声
ラオシー	ワンチウ	ショウビアオ	ウーファン	ベンズ
lǎoshī	wǎngqiú	shǒubiǎo	wǔfàn	běnzi
老师	网球	手表	午饭	本子
先生	テニス	腕時計	昼ご飯	ノート

4声で始まる単語

4声＋1声	4声＋2声	4声＋3声	4声＋4声	4声＋軽声
ミエンバオ	ダーシュエ	クーベン	ジアオシー	クアイズ
miànbāo	dàxué	kèběn	jiàoshì	kuàizi
面包	大学	课本	教室	筷子
パン	大学	教科書	教室	箸

> なんとなく中国語を勉強してます！って感じになってきた♪

> ちなみに3声＋3声の組み合わせには要注意。**ピンインは3声＋3声でも、発音は2声＋3声**になるからね。

3声＋3声の場合

発音するときは
2声＋3声として発音する。
ただし、ピンインの表記は
3声＋3声のまま。

2声＋3声	2声＋3声	2声＋3声
ニーハオ	ヨウハオ	クーイー
nǐhǎo	yǒuhǎo	kěyǐ
你好	友好	可以
こんにちは	友好的な	～できる

> ぼくの嫌いな例外ってやつか…。

まあまあ、そう言わずに。

"一"と"不"には要注意

ほかにも声調で注意してほしい変化を２つ挙げておこうね。まずは"一"で始まる単語。

▶▶ CD 10

"一"で始まる単語

"一（yī）"は１声だが、後ろに付く文字の声調によって変化する。

"一（yī）"の後ろに１声、２声、３声が付く場合、４声（yì）になる。

"一（yī）"の後ろに４声、軽声が付く場合、２声（yí）になる。

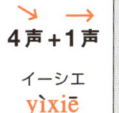

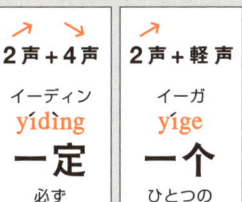

４声＋１声	４声＋２声	４声＋３声	２声＋４声	２声＋軽声
イーシエ	イーチー	イーチー	イーディン	イーガ
yìxiē	yìqí	yìqǐ	yídìng	yíge
一些	一齐	一起	一定	一个
少しの	一斉に	一緒に	必ず	ひとつの

それに"不"で始まる単語。"不"は４声だけど後ろに４声が付いたときだけ２声になるんだ。

▶▶ CD 11

"不"で始まる単語

"不"は"bù"という４声だが、後ろに４声が付いたときだけ２声になる。

４声＋１声	４声＋２声	４声＋３声		２声＋４声
ブードゥオ	ブーライ	ブーハオ	後ろに４声が付いたときだけ２声になる →	ブーカン
bùduō	bùlái	bùhǎo		búkàn
不多	不来	不好		不看
多くない	来ない	よくない		見ない

Lesson 5 🎧 CD 12〜13

あいさつしてみよう
文字と発音
便利なフレーズ

大きな声で発音してみよう

先生: それでは1時間目の締めくくりに、よく使う便利なフレーズを教えるね。CDを聴きながら実際に声に出してみて。

ネコ助: はーい！

▶▶ CD 12

あいさつのフレーズ

| ニー ハオ
Nǐ hǎo
你 好！
あなた よい | こんにちは。
＊どんな時間帯でも使える。
　返事も"你好！"。 |

| ニーメン ハオ
Nǐmen hǎo
你们 好！
あなたたち よい | みなさん、こんにちは。
＊複数の人に対して使う。 |

| ザオシャン ハオ
Zǎoshang hǎo
早上 好！
朝 よい | おはようございます。 |

| ワンシャン ハオ
Wǎnshang hǎo
晚上 好！
夜 よい | こんばんは。 |

ニー ハオ マ Nǐ hǎo ma **你好吗？** あなたは よい か	お元気ですか？ ＊"你好"のあとに"吗"を付けて疑問文とする。
ウォー ヘン ハオ Wǒ hěn hǎo **我很好。** 私は とても よい	元気です。 ＊"你好吗？"に対する返答。

別れやお礼のフレーズ

ザイ ジェン Zài jiàn **再见！** また 会う	さようなら。 ＊もっとも一般的。
ミンティエン ジエン Míngtiān jiàn **明天见！** 明日 会う	また明日。
シエシエ Xièxie **谢谢！** ありがとう	ありがとう。 ＊「シェイシェイ」とならないように注意。
フェイチャン ガンシエ Fēicháng gǎnxiè **非常感谢！** 非常に 感謝する	本当にありがとう。 ＊"谢谢！"の強まった言い方。
ブー クーチ Bú kèqi **不客气。** ない 遠慮する	どういたしまして。 ＊"谢谢！"などに対する返答。
ブー ヨン シエ Bú yòng xiè **不用谢。** ない 必要 感謝する	どういたしまして。

025

Yes／Noのフレーズ

シー Shì **是。** である ／ ブー シー Bú shì **不 是。** ない である	はい。／いいえ。 ＊相手の言ったとおりかどうかの返答。
ドゥイ Duì **对。** 正しい ／ ブー ドゥイ Bú duì **不 对。** ない 正しい	はい。／いいえ。 ＊相手の言ったことが正しいかどうかの返答。
シン Xíng **行。** よい ／ ブー シン Bù xíng **不 行。** ない よい	いいです。／だめです。 ＊相手の言うことを承知できるかどうかの返答。
クーイー Kěyǐ **可以。** よい ／ ブー クーイー Bù kěyǐ **不 可以。** ない よい	いいです。／だめです。 ＊状況的に許可されるかどうかの返答。

謝罪や依頼のフレーズ

ドゥイブチー Duìbuqǐ **对不起。** すまないと思う	ごめんなさい。
ブー ハオ イース Bù hǎo yìsi **不 好 意思。** ない よい 気持ち	すみません。 ＊比較的軽いおわび。
ヘン バオチエン Hěn bàoqiàn **很 抱歉。** とても申しわけなく思う	申しわけありません。 ＊丁寧なおわび。
メイ グアンシ Méi guānxi **没 关系。** ない 関係	何でもありません。 ＊気にしていないから大丈夫というニュアンス。

| ブー ヤオジン
Bú yàojǐn
不 要紧。
ない 重大 | 大丈夫です。 |

その他のフレーズ

| チン ドゥオ グアンジャオ
Qǐng duō guānzhào
请 多 关照！
どうぞ 多く 面倒をみる | どうぞよろしく。
＊自己紹介などのときに。 |

| マン ゾウ
Màn zǒu
慢 走！
ゆっくり 行く | お気をつけて。
＊見送るときに。 |

| マーファン ニー ラ
Máfan nǐ le
麻烦 你 了。
煩わす あなた した | お世話さまでした。
＊何かをしてもらったときに。 |

| シンクー ラ
Xīnkǔ le
辛苦 了。
苦労する した | お疲れさまでした。
＊ねぎらいの言葉。 |

| チン ウェン
Qǐng wèn
请 问。
頼む 尋ねる | お尋ねします。 |

ふ〜。まだ習ってない言葉も出てきたけど、なかなかいい感じで発音できたかも！

おっ！ いいね、いいね（笑）。
紹介したフレーズは決まり文句だから、そのままひとつのまとまりで覚えちゃおう。どんどん声に出してね。1時間目はこれでおしまい！

復習問題 1時間目 「文字と発音をマスター」のおさらいトレーニング

1. CD（トラック14）の中国語を聴いて、語群の中から正しいものを選び、書き入れましょう。
▶Lesson1, Lesson5

❶ 売る
▸ ＿＿＿＿＿＿＿＿＿＿＿＿＿＿＿＿＿＿＿＿＿＿＿

❷ 買う
▸ ＿＿＿＿＿＿＿＿＿＿＿＿＿＿＿＿＿＿＿＿＿＿＿

❸ お疲れさまでした。
▸ ＿＿＿＿＿＿＿＿＿＿＿＿＿＿＿＿＿＿＿＿＿＿＿

❹ お気をつけて。
▸ ＿＿＿＿＿＿＿＿＿＿＿＿＿＿＿＿＿＿＿＿＿＿＿

❺ さようなら。
▸ ＿＿＿＿＿＿＿＿＿＿＿＿＿＿＿＿＿＿＿＿＿＿＿

| 語群 | ザイジエン
Zàijiàn
再见！ | マンゾウ
Mànzǒu
慢走！ | マイ
mǎi
买 | マイ
mài
卖 | シンクーラ
Xīnkǔle
辛苦了。 |

2. 語群の中から正しいものを選び、書き入れましょう。

▶Lesson 4

❶ 教科書
　▶ _____

❷ 先生
　▶ _____

❸ 仕事
　▶ _____

❹ 鉛筆
　▶ _____

❺ テニス
　▶ _____

| 語群 | ラオシー
lǎoshī
老师 | ワンチウ
wǎngqiú
网球 | クーベン
kèběn
课本 | チエンビー
qiānbǐ
铅笔 | ゴンズオ
gōngzuò
工作 |

復習問題 1時間目 答えと解説

1.

❶ マイ
mài
卖

解説 "卖" は「売」の簡体字。**上から下へストンと落とす4声**。意外なものを見つけたときの「あぁ」に近いリズム。

❷ マイ
mǎi
买

解説 "买" は「買」の簡体字。**ぐーっと下がり、尻が少し上がる3声**。"卖（売る）"とは声調が違うので注意。

❸ シンクーラ
Xīnkǔle
辛苦了。

解説 "辛苦" は「苦労をする」という意味。完了の"了"が付いているので、**すでに済んだことに対し「お疲れさま」の意味で用いる。**

❹ マンゾウ
Mànzǒu
慢走！

解説 "慢" は「ゆっくり」、"走" は「歩く、行く」の意味。**「ゆっくり行く」で「お気をつけて」となる。**人を軽く見送るときに使う。

❺ ザイジエン
Zàijiàn
再见！

解説 4声＋4声の単語なので、**2文字とも下がるように発音**する。あいさつの言葉は決まり文句なので、そのまま覚えてしまおう。

2.

① 课本 クーベン kèběn

解説 言偏(ごんべん)は"讠"になる。さんずい"氵"と間違えやすいので注意。

② 老师 ラオシー lǎoshī

解説 "师"は日本語の「師」と少し形が違うので注意。敬称にもなり、たとえば"陈"という苗字の先生なら"陈老师"と呼ぶ。

③ 工作 ゴンズオ gōngzuò

解説 日本語の「工作」とは意味が異なるので注意。

④ 铅笔 チエンビー qiānbǐ

解説 金偏(かねへん)の付く字は、すべてこのように"钅"となる。「筆」の簡体字"笔"は竹と毛でできた筆(ふで)のイメージから作られている。

⑤ 网球 ワンチウ wǎngqiú

解説 珍しい形だが、"网"は「網」の簡体字。「サッカー」が"足球"になるなど、球技の名前は道具や手段から付けられているものが多い。

1時間目のまとめ

四声とピンインは
何度も聴いて、
音楽の感覚で耳に
定着させてしまおう。
何度も
真似てみることが大切。

休み時間 1
中国の人びと
エトセトラ

貸し借りはよいこと（？）
－中国人の友人関係－

　中国人との付き合いで、よく"朋友（ポンヨウ）"という言葉が出てきます。2度目に会うときからは"朋友（ポンヨウ）"が"老朋友（ラオポンヨウ）"となり、互いに親近感を持ち始めます。

　この中国人の友人関係で特徴的なのは、恩を作り合う関係であることです。"恩（エン）"という貸し借りの関係があれば、それは相手を信じ高く評価していることになるのです。しかも、彼らの"恩（エン）"を貸し借りする関係は、何年もの長いスパンでやりとりされるようです。

　「互いに助け合って行こう」「いつか別の形でお返しができればいい」、これが中国人の友人関係なのでしょう。

　ところが日本人はこれが苦手ですね。何かをしてもらったらお返しをするのが礼儀で、貸し借りの関係はなるべく早く解消しようとする。これが中国人には奇妙に映ります。あまり早くお返しをすると「この人は私との関係を清算したいのか」とさえ思われてしまいます。日本人と中国人の考え方の違い、文化の違いのひとつです。

2時間目

超基本文型をマスター1

「〜です」の文型、「〜する」の文型、それから
形容詞を使った文型など、基本的な語順を勉強しよう!
肯定文・否定文・疑問文の作り方も
意外と簡単なことに気づくはずだよ。

Lesson 6　🎧 CD 16〜18

私は日本人です。

超基本文型
"是"の表現1／私は〜です

私・あなた・彼でも動詞は同じ！

先生：1時間目では文字や発音を勉強したね。2時間目からは基本的な文型を勉強しよう。

ネコ助：はーい。文字と発音を勉強したし、すぐにわかっちゃいますよね！

先生：ん〜。まあ、それはネコ助くんのやる気しだいだな〜。

ネコ助：（ドキッ！）がんばります！

先生：おどかしちゃったかな？（笑）。それじゃあ、さっそく文型を見ていこう。まずは「私は日本人です。」から。CDを聴いて発音にもトライしてみて。

▶▶ CD 16

基本フレーズ1

ウォー	シー	リーベンレン
Wǒ	shì	Rìběnrén
我	是	日本人。
私は	です	日本人

私は日本人です。

🐱 ウォー・シー・リーベンレン。で、「私は日本人です。」かあ。

👨 何か気づくことはない？

🐱 発音するのに精一杯ですよ〜。

👨 そうだよね（笑）。実は英語の語順に似ていると思わない？ たとえば、"我是 日本人。"は英語だと「I am Japanese.」なんだ。"是"が英語のbe動詞の役割になってるんだよ。

🐱 あ、本当だー。

👨 安心したかな？ それじゃあ、英語で「あなたは日本人です。」は、なんて言うかな？

🐱 えーと、「You are Japanese.」ですよね？

👨 正解。それじゃあ、次のフレーズを見てみようか。

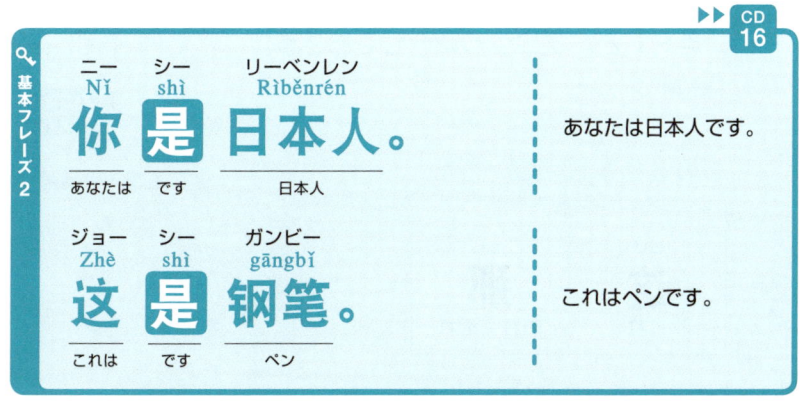

基本フレーズ 2 ▶▶ CD 16

ニー Nǐ	シー shì	リーベンレン Rìběnrén
你	是	日本人。
あなたは	です	日本人

あなたは日本人です。

ジョー Zhè	シー shì	ガンビー gāngbǐ
这	是	钢笔。
これは	です	ペン

これはペンです。

035

🐱 また"是〈シー〉"を使ってるみたいだけど…?

👨 そう! 英語では「I am Japanese.」と「You are Japanese.」で、be動詞が主語によって変わるよね。だけど**中国語では主語が何であっても"是〈シー〉"を使う**んだ。

🐱 ということは、主語が「彼女」でも"是〈シー〉"?

👨 うん。「私」でも「彼ら」でも「あれ」でも、単数でも複数でもすべて"是〈シー〉"を使うよ。つまり**「AはBである」は全部"A是〈シー〉B。"**なんだ。

🐱 それはうれしい!

👨 だよね(笑)。A、つまり主語の部分には、いろんな代名詞が入るよ。

🐱 代名詞って何だっけ?

👨 代名詞とは人・事物・場所などを示す言葉のこと。次に少し紹介しておこう。

▶▶ CD 17

ものを指す代名詞

ジョー zhè **这** これ	ナー nà **那** あれ・それ

036

人を指す代名詞

ウォー wǒ **我** 私	ニー nǐ **你** あなた	ター tā **他** 彼	ター tā **她** 彼女
ウォーメン wǒmen **我们** 私たち	ニーメン nǐmen **你们** あなたたち	ターメン tāmen **他们** 彼ら	ターメン tāmen **她们** 彼女ら

ニャるほど〜。この代名詞をAの部分に入れれば、いろんな表現ができそう。

それじゃあ、入れかえフレーズに挑戦! 空欄にバリエーション単語をあてはめて、いろいろな"我是〜。"を発音してみよう! CDもしっかり聴いてね。

入れかえフレーズ

空欄にいろいろな単語を入れてみましょう

ウォー シー
Wǒ shì

我 是 [　　　]。
私は　です

バリエーション単語

シュエション xuésheng **学生** 学生	ラオシー lǎoshī **老师** 先生	ゴンスージーユエン gōngsīzhíyuán **公司职员** 会社員	ジューフー zhǔfù **主妇** 主婦

Lesson 7 🎧 CD 19〜20

彼は中国人ですか？

超基本文型
"是"の表現2／
〜ではありません。〜ですか?

否定文の作り方

先生：じゃあ、次は否定形と疑問形を片づけちゃおう！

ネコ助：はーい！

先生：さっそく、次の否定文をチェックしよう。CDも聴いて発音もしてね。

基本フレーズ1 ▶▶ CD 19

他	不	是	日本人。
Tā	bú	shì	Rìběnrén
ター	ブー	シー	リーベンレン
彼は	ない	です	日本人

彼は日本人ではありません。

ネコ助：なんだか"不"が、においますね…？（キラリ）

先生：察しがいいね（笑）。否定文は、"是"の前に"不"を付けるよ。

ネコ助：これも主語が「私」「あなた」「彼」でも変わらない？

正解！ どんな場合でも"是"の前に"不"を付けるだけ。つまり、「AはBではない」は、"A 不是B。"となるよ。

"不是"か〜。このまま覚えちゃおうっと。

ちなみに間違えやすいのが"不"の位置。英語で「彼は日本人ではありません。」は、何て言う？

えーっと、「He is not Japanese.」ですよね。

そうそう。このとき否定を表す「not」がbe動詞の後ろにきてるよね。だからこれと混同して、"是不"としちゃう人が多い。

なるほど〜。気をつけまーす。

うん。英語と似ている構造だから、はじめはついつい英語と同じ語順にしてしまいがち。注意しようね。

疑問文の作り方

次は疑問文を紹介しよう。CDを聴いて発音も忘れずに。

基本フレーズ2 ▶▶ CD 19

Tā	shì	Zhōngguórén	ma
他	是	中国人	吗？
彼は	です	中国人	か

彼は中国人ですか？

- 普通の文とは、どこが違うかな？

- ぼくの目がたしかなら、"吗?"が付いただけに見えるんだけど…。

- そのとおり！ "A 是 B。"の文の終わりに、"吗?"を付けるだけで、疑問文になるんだよ。

- え?! そんなに単純でいいの？

- いいんです!!

疑問文の答え方

それじゃあ、疑問文「彼は中国人ですか?」に対する答え方も紹介しようかな。こんな感じ。

▶▶ CD 19

| シー | ター | シー | ジョングオレン |
| Shì | tā | shì | Zhōngguórén |
| 是, | 他 | 是 | 中国人。
| はい | 彼は | です | 中国人 |

はい、彼は中国人です。

| ブー | ター | シー | リーベンレン |
| Bù | tā | shì | Rìběnrén |
| 不, | 他 | 是 | 日本人。
| いいえ | 彼は | です | 日本人 |

いいえ、彼は日本人です。

- さては先頭の"是"と"不"がミソですね? (キラリ)

- よくできました。"是"が「YES」で、"不"が「NO」の意味になるんだよ。

🐱 そうなんだー。

👨 つまり、"吗?" の疑問文は「YES」か「NO」ではっきり答えられる、事実を尋ねる質問をしてるんだよ。

🐱 ニャるほどー。なんだか思ったよりもシンプルで、自信がついてきたぞ!

👨 おっ! その意気込み。それじゃあ前回と同じように、入れかえフレーズでいろいろな疑問文を発音してみよう。CDも聴いてね。

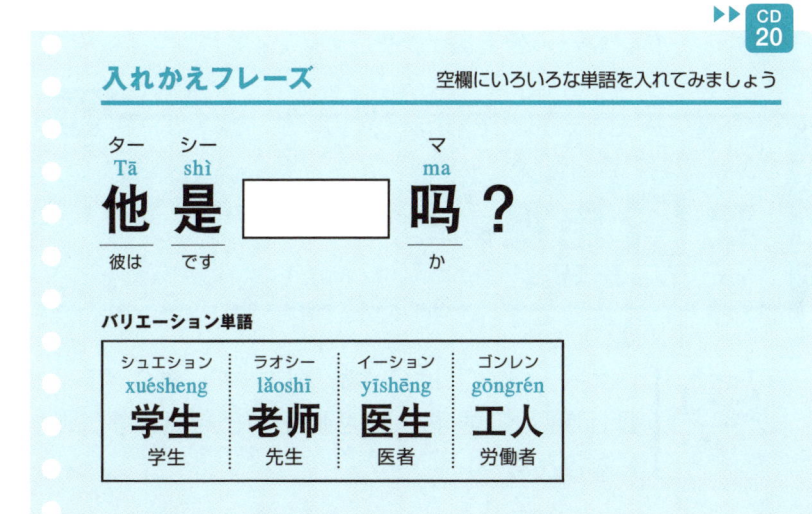

▶▶ CD 20

入れかえフレーズ
空欄にいろいろな単語を入れてみましょう

ター Tā	シー shì		マ ma
他 彼は	是 です	☐	吗? か

バリエーション単語

シュエション xuésheng	ラオシー lǎoshī	イーション yīshēng	ゴンレン gōngrén
学生 学生	老师 先生	医生 医者	工人 労働者

Lesson 8　🎧 CD 21〜22

私はテレビを見ます。

超基本文型

一般動詞の表現／
見る、来る、走る　など

「私は〜する」の文を作ってみよう

先生：前回までは、英語のbe動詞に似てる"是（シー）"についていろいろ勉強したね。
次は一般動詞の表現を紹介するよ。まずは基本フレーズをチェック！

基本フレーズ1　▶▶ CD 21

ウォー	カン	ディエンシー
Wǒ	kàn	diànshì
我	**看**	**电视。**
私は	見る	テレビを

私はテレビを見ます。

ネコ助：へえ〜。"我（私は）""看（見ます）""电视（テレビを）"の語順で、「私はテレビを見ます。」になるんだー。

先生：うん。「I watch TV.」の構造と同じだよ。じゃあ、この否定文と疑問文はどうなるかな？

ネコ助：えっ？　急にそんな質問されても〜。

先生：大丈夫。落ち着いて考えてみて。さっきの"是（シー）"と似てるから。

> ということは、否定文は"不"で、疑問文は"吗?"かな…?

> そうそう! 次の基本フレーズを見てみようね。

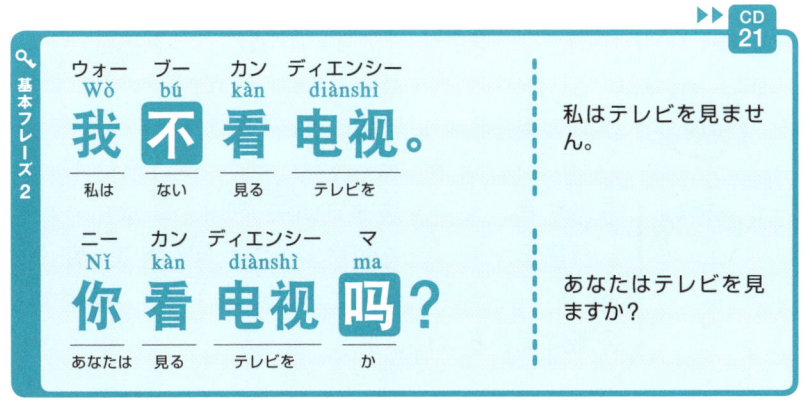

基本フレーズ2 ▶▶ CD 21

ウォー Wǒ	ブー bú	カン kàn	ディエンシー diànshì	
我	不	看	电视。	私はテレビを見ません。
私は	ない	見る	テレビを	

ニー Nǐ	カン kàn	ディエンシー diànshì	マ ma	
你	看	电视	吗?	あなたはテレビを見ますか?
あなたは	見る	テレビを	か	

> これなら簡単! ふ〜、安心した〜。

過去形・未来形でも動詞の形は変わらない

> 安心した? それじゃあ、ネコ助くんがもっと安心することを教えてあげようかな。「私は昨日、テレビを見ました。」を英語にすると?

> 「I watched TV yesterday.」ですよね?

> うん。動詞が過去形に変化するよね。それじゃあ、次の中国語を見てみようか。

▶▶ CD 21

ウォー Wǒ	ズオティエン zuótiān	カン kàn	ディエンシー diànshì	ラ le	
我	昨天	看	电视	了。	私は昨日、テレビを見ました。
私は	昨日	見る	テレビを	した	

"昨天"が「昨日」っていう意味なのか…。でも動詞が"看（見る）"のままだけど…？

そう！ 中国語は過去形でも動詞そのものの形は変化しないんだ。文末に置いている"了"については、またあとで説明するね。

動詞の過去形を覚えなくて済むんだ！

そうだね。未来を表す"明天（明日）"なんていう言葉が入っても同じように、"我 明天 看 电视。（私は明日テレビを見ます。）"で、**動詞の形は変わらない**よ。

へえ。あと気になるのは"昨天"が、主語と動詞の間に入ってること。普通は最後じゃない？

それが中国語では「時を表す言葉」は、文頭もしくは主語と動詞の間に入れる決まりなんだ。英語では「yesterday」も「tomorrow」も、最後に付けるから、"昨天""明天"を最後に付けるミスをしがち。注意だよ！

「肯定＋否定」で疑問文に変身する！

もう1つ、こんなフレーズも紹介しよう。

応用フレーズ

ニー Nǐ	カン kàn	ブ bu	カン kàn	ディエンシー diànshì
你	看	不	看	电视？
あなたは	見る	ない	見る	テレビを

▶▶ CD 21

あなたはテレビを見ますか？

044

| !?!? "看 不 看"??

驚いた？ これは反復疑問文といってね、疑問文の仲間。**「肯定＋否定」の形にして文末には"吗?"を付けない**よ。このときの"不"は軽声で読んでね。

| "吗?"の否定文と何が違うの？

意味は"吗?"のときと、ほとんど同じ。使われる頻度もだいたい同じくらいだから、両方覚えておくのがおすすめ。
それじゃあ、入れかえフレーズで発音に挑戦しよう！

▶▶ CD 22

入れかえフレーズ

空欄にいろいろな単語を入れてみましょう

ウォー
Wǒ
我 ___ 。
私は

バリエーション単語

チュー	シエ	チー	シュオ
qù	xiě	chī	shuō
去	写	吃	说
行く	書く	食べる	話す

復習問題 2時間目 「超基本文型をマスター1」のおさらいトレーニング

1. 次の簡体字をなぞって練習してから、書いてみましょう。
▶Lesson 6～8

❶ これ
ジョー
zhè
这 → (这) → (　　)

❷ 書く
シエ
xiě
写 → (写) → (　　)

❸ ～か
マ
ma
吗 → (吗) → (　　)

❹ 会社員
ゴンスージーユエン
gōngsīzhíyuán
公司职员 → (公司职员) → (　　　　)

❺ テレビ
ディエンシー
diànshì
电视 → (电视) → (　　)

2. 日本語を参考に、語群の中から正しい中国語を選び、（　）に書いてみましょう。

▶Lesson 6〜8

❶ 私は日本人です。

<small>ウォー　　　　　　　　　リーベンレン</small>
<small>Wǒ　　　　　　　　　　Rìběnrén</small>

我（　　　　）日本人。

❷ 彼は日本人ではありません。

<small>ター　　　　　　　　　　リーベンレン</small>
<small>Tā　　　　　　　　　　　Rìběnrén</small>

他（　　　　）日本人。

❸ 彼は医者ですか？

<small>ター　シー　　イーション</small>
<small>Tā　shì　　yīshēng</small>

他　是　医生（　　　　）？

❹ 私はテレビを見ません。

<small>ウォー　　　　　　　　　ディエンシー</small>
<small>Wǒ　　　　　　　　　　diànshì</small>

我（　　　　）电视。

語群

<small>マ　　　　ブーシー　　　　シー　　　　ブーカン</small>
<small>ma　　　búshì　　　　 shì　　　 búkàn</small>

吗　／　不是　／　是　／　不看

2時間目 復習問題 答えと解説

1.

❶ 这 (ジョー / zhè)

解説 "辶"に"文"。よく使う字なので覚えておこう。

❷ 写 (シエ / xiě)

解説 文字や文章を「書く」という意味。**日本語の「写」とは違い、最後の横棒は突き抜けない**ように注意。

❸ 吗 (マ / ma)

解説 「馬」の字はこのように略される。**最後の横棒は突き抜けないように注意**。

❹ 公司职员 (ゴンスージーユエン / gōngsīzhíyuán)

解説 "职"は「職」の簡体字。"员"は「員」の下の「貝」の部分を略している。ほかの字に使われる場合も同じ。例："责（責）" "贵（貴）"

❺ 电视 (ディエンシー / diànshì)

解説 "电"は「電」の下の部分だけが、上に突き抜ける。"视"の"见"の部分は❹の「貝」と同様の略し方。

2.

<small>ウォー シー リーベンレン</small>
<small>Wǒ shì Rìběnrén</small>

❶ 我（是）日本人。

解説 "是"は英語be動詞の働きをする。"是"の前後がイコールであると考える。

<small>ター ブーシー リーベンレン</small>
<small>Tā búshì Rìběnrén</small>

❷ 他（不是）日本人。

解説 "是"は主語の人称が何であっても形を変えず、**否定の場合は"是"の前に"不"を付ける**。

<small>ター シー イーション マ</small>
<small>Tā shì yīshēng ma</small>

❸ 他 是 医生（吗）？

解説 **疑問文は肯定文の文末に"吗"を付ける**だけ。主語と動詞の語順も変わらない。

<small>ウォー ブーカン ディエンシー</small>
<small>Wǒ búkàn diànshì</small>

❹ 我（不看）电视。

解説 **動作を表す一般動詞も"不"で否定する**。人称による変化もなく、疑問文の際は文末に"吗"を付けるのも同じ。

2時間目のまとめ 1

主語が「私、彼、彼ら」
誰であっても、
動詞は変化しない！
否定文は動詞の前に"不"、
疑問文は文末に
"吗"を付けよう。

Lesson 9　🎧 CD 23〜24

お茶をどうぞ。

超基本文型
お願いの表現／
〜してください

「どうぞ〜してください」の表現

先生：次はお願いするときの表現を勉強しよう。英語でお願いするのに使う表現は？

ネコ助：……、「please」？？

先生：沈黙が長かったけど、正解（笑）。中国語にも「please」みたいな働きをするものがあるんだよ。次の基本フレーズから見つけてみてね。CDを聴いて発音も忘れずに。

基本フレーズ ▶▶ CD 23

チン Qǐng	フー hē	チャー chá
请	喝	茶。
〜してください	飲む	お茶を

お茶をどうぞ。

ネコ助：あっ！　見つけた。正体は"请"だ！

先生：そうなんだ。"请"は「請」の簡体字。語順も英語と同じで"请（please）＋喝（drink）＋茶（a tea）"になるよ。ほかにはこんなフレーズも紹介しよう。

>> CD 23

チン Qǐng	ズオ zuò	
请	坐。	お座りください。
〜してください	座る	

チン Qǐng	ジン jìn	
请	进。	お入りください。
〜してください	入る	

この２つのフレーズはよく使われるよ。"进"は「進」の簡体字で「入る」という意味。

ホテルの部屋でドアをノックされたら、言ってみよ〜っと。

これからしてほしいことが明らかな状況のときは"请。"の１語でOK。

「明らかな状況」ってどんなときだろ？

たとえば、レストランでお客さんに料理を差し出すときに店員の、"请。"のひと言で「どうぞ召し上がってください。」っていう立派な文になるよ。
次にこんな例も覚えておいてね。

>> CD 23

チン Qǐng	ドン děng	イーシア yíxià	
请	等	一下。	少々お待ちください。
どうぞ	待つ	ちょっと	

🐱 "等"と"一下"って？

👨 "等"は「待つ」という意味の動詞。"一下"は動詞の後ろに付いて「ちょっと〜する」とか「試しに〜する」という、軽い動作を表すよ。

初対面の人には丁寧な質問を

🐱 これでいろんな人にお願いできそうだ〜。

👨 そうだね。あと"请"はこんなときにも活躍するよ。たとえば、質問するときの前置きとか。

🐱 前置き？

👨 初めて会った人に、いきなり質問するのは唐突じゃない？ 道ばたで急に「あなたは中国人ですか？」って聞かれたらびっくりしちゃうよね。

🐱 びっくりします（笑）。逃げちゃうかも。

👨 そこでこんな言い方を紹介するよ。CDを聴きながら発音もしてみてね。

応用フレーズ ▶▶ CD 23

チン Qǐng	ウェン wèn	ニー nǐ	シー shì	ジョングオレン Zhōngguórén	マ ma
请	问,	你	是	中国人	吗?
〜させてください	尋ねる	あなたは	です	中国人	か

お尋ねします。あなたは中国の方ですか？

🐱 普通の疑問文に"请问"を付けてるの？

👨 そう。「お尋ねします。」の意味があるんだよ。"请问"だけで言い終わることはなくて、後ろに必ず疑問文が続くんだ。

🐱 この場合は"请问"のあとに、"你 是 中国人 吗？"が続いてるのかー。

👨 そういうことだね。"请"は丁寧にお願いするとき絶対に押さえておきたいよね。"请"を使うことで、話しがぶっきらぼうじゃなくなるよ。

🐱 よーっし！ お願いするときは必ず使おうっと！

👨 いい心がけだね。それじゃあ、最後に入れかえフレーズでいろんなお願いをしてみよう！

▶▶ CD 24

入れかえフレーズ
空欄にいろいろな単語を入れてみましょう

チン
Qǐng
请　□　。
〜してください

バリエーション単語

ダー ディエンホア	ホア ディートゥー	シエ イーシア
dǎ diànhuà	huà dìtú	xiě yíxià
打 电话	画 地图	写 一下
電話をする	地図を描く	ちょっと書く

053

Lesson 10　CD 25〜27

私はうれしいです。

超基本文型
形容詞の表現／
うれしい・悲しい、高い・低い

「主語＋形容詞」で気持ちが伝わる

先生：そろそろ自分の感情を、中国語で表現してみようか。「私はうれしいです。」はどんな中国語になると思う？「うれしい」は"高兴（ガオシン）"だよ。

ネコ助：今までに習ったことを考えると…。「私は〜です。」が"我是〜（ウォーシー）。"だから、"我是高兴（ウォーシーガオシン）。"ですよね?! これは間違いない！

先生：はずれ（笑）。実はもっと簡単。ちなみに「うれしい」の品詞は何かな？

ネコ助：（無言）

先生：さては忘れているな？「うれしい」は形容詞。ほかには「大きい」とか「長い」も形容詞だね。

ネコ助：あっ！ 今言おうとしたのに〜。

先生：本当??（笑）　**形容詞を使った文は動詞の"是（シー）"を使わず、「主語＋形容詞」だけでいい**んだよ。

🐱 え～？ それじゃあ「I am glad.」じゃなくて、「I glad.」っていう感じ？

👨 そう。ずいぶん単純な形だよね。次のフレーズをCDを聴きながら発音してみてね。

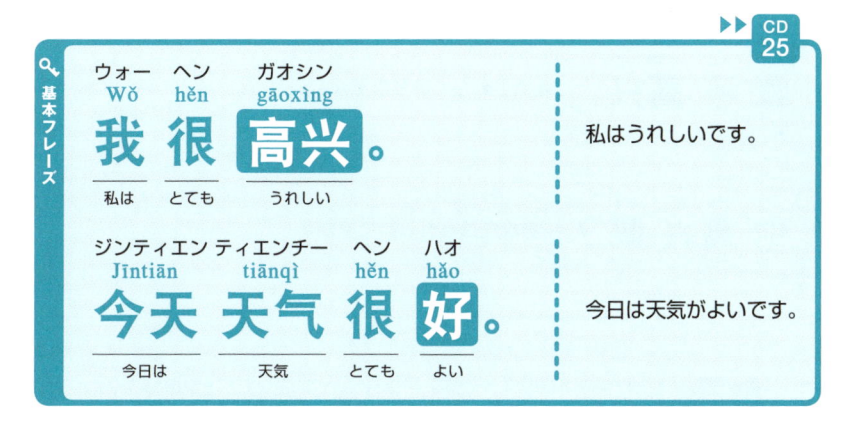

基本フレーズ

▶▶ CD 25

ウォー ヘン ガオシン
Wǒ hěn gāoxìng
我 很 高兴。
私は とても うれしい

私はうれしいです。

ジンティエン ティエンチー ヘン ハオ
Jīntiān tiānqì hěn hǎo
今天 天气 很 好。
今日は 天気 とても よい

今日は天気がよいです。

🐱 本当だー。"是"がない。ん？ 形容詞の前に付いてる"很"は何？

👨 "很"は「とても」の意味をもつ副詞だよ。

🐱 副詞って…、何でしたっけ？

👨 「非常に」「全然」「少し」「もっと」など、述語を修飾する品詞のことだよ。

🐱 でも訳には「とても」の意味は書いてないよ？

👨 肯定文で使われる場合、たいてい形容詞の前に"很"を付けるんだよ。よほど強く読まない限り、「とても」の意味は薄れるんだ。だから日本語に訳すときは無視してOK!

否定文、疑問文もいつもと一緒！

形容詞の否定文、疑問文。これはいつもどおり、"不"と"吗？"を使うよ。こんな感じ。

>> CD 25

ウォー ブー ガオシン
Wǒ bù gāoxìng
我 不 高兴。　私はうれしくありません。
私は ない うれしい

ニー ガオシン マ
Nǐ gāoxìng ma
你 高兴 吗？　あなたはうれしいですか？
あなたは うれしい か

本当だー。いつもどおりの否定文と疑問文って感じ。でも"很"はどこにいっちゃったの？

疑問文では"很"は使わないんだよ。注意しようね。そして中国語のもう1つの疑問文、いわゆる反復疑問文もこれまでと同じ。

>> CD 25

ニー ガオシン ブ ガオシン
Nǐ gāoxìng bu gāoxìng
你 高兴 不 高兴？　あなたはうれしいですか？
あなたは うれしい ない うれしい

"高兴"と"不 高兴"の組み合わせになるんだ。

そういうこと。あとは「あまりよくない」みたいに、中くらいの感じを伝えたいときは、"太"という副詞を覚えておくといいよ。これは「〜

すぎる」という意味で、否定文に使うと「あまり～ない」と部分否定になるよ。応用フレーズを見てみてね。

応用フレーズ ▶▶ CD 25

ウォー	シェンティー	ブー	タイ	ハオ
Wǒ	shēntǐ	bú	tài	hǎo
我	身体	**不**	**太**	**好**。
私は	身体	ない	あまり	よい

私は身体の具合があまりよくないです。

"不"と"好"の間に、"太"が入るんだ～。もし間違えて"太 不 好"にしちゃったら？

「悪すぎる」っていう意味になっちゃうね。つまりこういうことなんだよ。

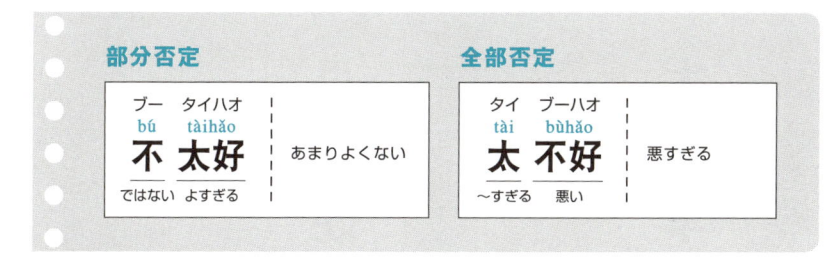

部分否定

ブー	タイハオ	
bú	tàihǎo	あまりよくない
不	太好	
ではない	よすぎる	

全部否定

タイ	ブーハオ	
tài	bùhǎo	悪すぎる
太	不好	
～すぎる	悪い	

順番が変わるだけで、違う意味になっちゃう！

形容詞はペアで覚えよう

形容詞はいろいろ覚えておきたいな。

そうだよね。1つの形容詞にはたいてい反対の意味もあるから、ペアで覚えちゃうのがおすすめ。次に基本的な形容詞を紹介するよ。

基本的な形容詞

ピンイン	中文	日本語		ピンイン	中文	日本語
チャン cháng	长	長い	→	ドゥアン duǎn	短	短い
ジョン zhòng	重	重い	→	チン qīng	轻	軽い
ユエン yuǎn	远	遠い	→	ジン jìn	近	近い
ルー rè	热	暑い	→	ロン lěng	冷	寒い
ダー dà	大	大きい	→	シアオ xiǎo	小	小さい
ザオ zǎo	早	(時間が)早い	→	ワン wǎn	晚	(時間が)遅い
クアイ kuài	快	(速度が)速い	→	マン màn	慢	(速度が)遅い
ガオ gāo	高	高い	→	ディー dī	低	低い

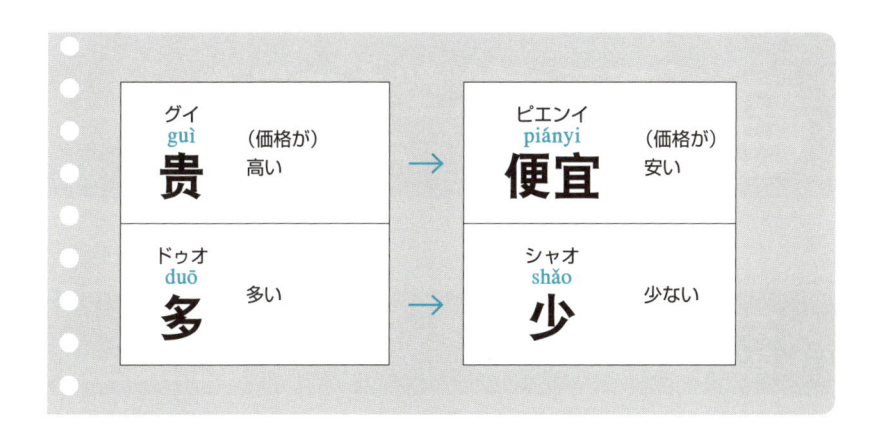

グイ guì **贵** (価格が)高い	→	ピエンイ piányi **便宜** (価格が)安い
ドゥオ duō **多** 多い	→	シャオ shǎo **少** 少ない

> わあー!! いっぱいある。これじゃあ、なかなか覚えられそうにないな〜。

> 少しずつ覚えていけば大丈夫。締めくくりに、入れかえフレーズで発音しよう!

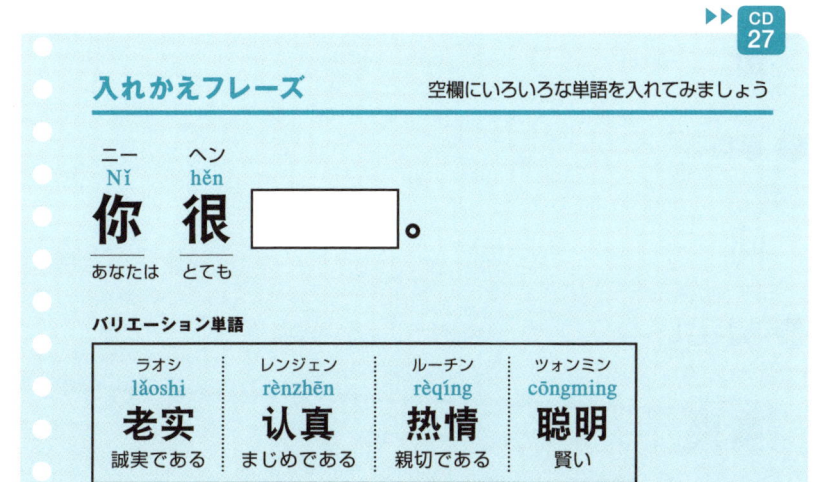

▶▶ CD 27

入れかえフレーズ
空欄にいろいろな単語を入れてみましょう

ニー　ヘン
Nǐ　hěn
你 很 _____ 。
あなたは　とても

バリエーション単語

ラオシ lǎoshi **老实** 誠実である	レンジェン rènzhēn **认真** まじめである	ルーチン rèqíng **热情** 親切である	ツォンミン cōngming **聪明** 賢い

2時間目 復習問題 「超基本文型をマスター1」のおさらいトレーニング

1. 次の簡体字をなぞって練習してから、自分で書いてみましょう。
▶Lesson9, Lesson10

❶ 座る

ズオ
zuò
坐 → （ 坐 ） → （　　）

❷ 入る

ジン
jìn
进 → （ 进 ） → （　　）

❸ 尋ねる

ウェン
wèn
问 → （ 问 ） → （　　）

❹ うれしい

ガオシン
gāoxìng
高兴 → （ 高兴 ） → （　　）

❺ 天気

ティエンチー
tiānqì
天气 → （ 天气 ） → （　　）

2. 次の中国語を、日本語に訳してみましょう。

▶Lesson9, Lesson10

❶ チン　　フー　　チャー
　Qǐng　hē　　chá
　请 喝 茶。
（　　　　　　　　　　　　　　　　　　）

❷ チン　　　ドン　　　イーシア
　Qǐng　děng　yíxià
　请 等 一下。
（　　　　　　　　　　　　　　　　　　）

❸ ジンティエン　ティエンチー　ヘン　ハオ
　Jīntiān　　tiānqì　　hěn　hǎo
　今天 天气 很 好。
（　　　　　　　　　　　　　　　　　　）

❹ ウォー　ブー　　ガオシン
　Wǒ　bù　gāoxìng
　我 不 高兴。
（　　　　　　　　　　　　　　　　　　）

❺ ウォー　シェンティー　ブー　タイ　ハオ
　Wǒ　shēntǐ　　bú　tài　hǎo
　我 身体 不 太 好。
（　　　　　　　　　　　　　　　　　　）

061

復習問題 2時間目 答えと解説

1.

❶ 坐 (ズオ / zuò)

解説 "坐"の"土"の部分は上まで突き抜ける。

❷ 进 (ジン / jìn)

解説 "辶"に"井"で「進」の簡体字。"逬"ではないので注意。

❸ 问 (ウェン / wèn)

解説 "门"は「門」の簡体字。門がまえはこのような形になる。ほかの字に使われる場合も同じ。1画目は"丶"となる。例："间（間）""闻（聞）"

❹ 高兴 (ガオシン / gāoxìng)

解説 "兴"は「興」の簡体字。書き順は①"ッ"、②"一"、③"ハ"となる。

❺ 天气 (ティエンチー / tiānqì)

解説 "天"の横棒2本は**日本語の「天」と違い、下のほうが長く**なる。"气"の中に"メ"は書かない。

2.

❶ お茶をどうぞ。

解説 動詞の前に"请"を付けて「～してください」という依頼の文になる。直訳すると「お茶を飲んでください」。

❷ 少々お待ちください。

解説 "等"は「待つ」の意味。"一下"は動詞のあとに付いて「ちょっと～する」という軽い動作を表す。

❸ 今日は天気がよいです。

解説 主語は"天气"で述語は"好（よい）"。"很"は「とても」の意味だがほとんどの場合、意味は薄れている。

❹ 私はうれしくありません。

解説 形容詞の否定でも、動詞と同じように"不"を用いる。"高兴"は形容詞で「うれしい」の意味。

❺ 私は体の具合があまりよくないです。

解説 "太"は「～すぎる」という副詞だが、"不太"とすると「あまり～ない」という部分否定になる。

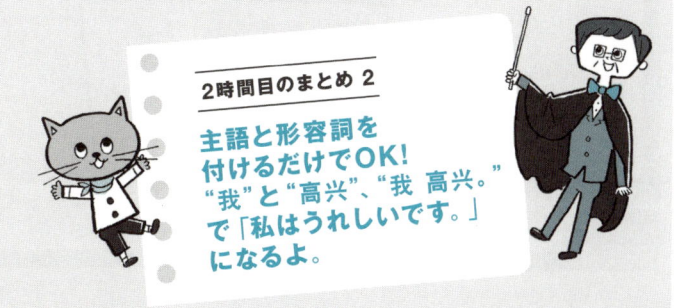

2時間目のまとめ 2
主語と形容詞を付けるだけでOK!
"我"と"高兴"、"我 高兴。"で「私はうれしいです。」になるよ。

休み時間 2 中国の人びとエトセトラ

年長者はみんなお兄さん・お姉さん（？）
－中国人の家族観－

　中国人の知人との会話で「私の兄が…」と言うので、兄弟がいるのかと思って話をしていると、実は従兄のことだったということがありました。これは彼らの家族観に関係しています。

　「仕事のためならある程度、家庭を犠牲にする」という日本人とは違って、中国では家族の結束力が私たちの想像以上に強く、家族重視の選択をすることがとても多いのです。世の中が変わったとはいえ、「心の拠り所は家族」との考えが今もなお受け継がれているようです。

　また、家族には直系のほか叔父・叔母など分家筋にあたる血族も含まれ、まだまだ大家族主義が主流です。「私の兄」という呼び方は、そのあたりからきているのでしょう。ひと昔前の日本の社会と似ているかもしれませんね。

　ただ、最近は中国でも就職難の影響で、親頼みの生活を送る高学歴の若者〝傍老族（すねかじり）〟が社会問題のひとつになってきているようです。

3時間目

超基本文型をマスター2

「持っている」「ある・いる」は、たくさんの場面で
使われる基本的な動詞なんだ。これらを中心に、
「私の~」というような表現もプラスして、
文の内容をふくらませていこう!

Lesson 11　🎧 CD 29〜31

私は辞書を持っています。

超基本文型
"有"の表現1／
持っています、あります、います

"有"の使い道はいっぱい！

先生：語学の学習に辞書は必需品だよね。ネコ助くんは持ってきてる？

ネコ助：もちろん持ってますよ〜。エッヘン！

先生：いい心がけだね（笑）。それじゃあ3時間目はその「持っています」から始めようかな。次のフレーズを確認してみよう。

▶▶ CD 29

基本フレーズ1

ウォー　ヨウ　ツーディエン
Wǒ　yǒu　cídiǎn
我　有　词典。
私は　持っている　辞書を

私は辞書を持っています。

ネコ助："有"が「持っている」の意味になるんだ〜。

先生：そうだね。じゃあ「先生は眼鏡を持っています。」はどうなるかな？「先生」は"老师"（ラオシー）、「眼鏡」は"眼镜"（イェンジン）だよ。

🐱 えーっと…、"老师 有 眼镜。"ですよね？
（ラオシー ヨウ イェンジン）

👨 おっ！ いいね。大正解。それじゃあ "今天 我 有 课。"は、どんな訳になると思う？ "课" は「授業」っていう意味だよ。
（ジンティエン ウォー ヨウ クー）

🐱 ん〜っと…、「今日、私は授業を持っている。」じゃ変だしな。

👨 そうだよね。これは「今日、私は授業があります。」っていう訳になるんだよ。

🐱 "有"（ヨウ）には「あります」の意味もあるんだ〜。

👨 うん。それに "有"（ヨウ）は人だけじゃなくて、場所を主語にもできるんだ。

🐱 場所を主語にできるって…？ どういうこと？

👨 たとえばこんな感じ。基本フレーズを見てみようね。

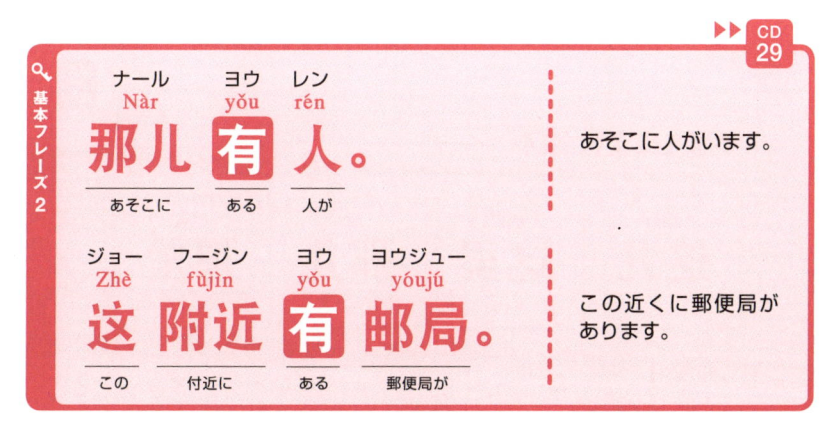

基本フレーズ 2　CD 29

那儿 有 人。
Nàr yǒu rén
ナール ヨウ レン
あそこに／ある／人が

あそこに人がいます。

这 附近 有 邮局。
Zhè fùjìn yǒu yóujú
ジョー フージン ヨウ ヨウジュー
この／付近に／ある／郵便局が

この近くに郵便局があります。

067

主語が「あそこに」と「この近くに」になっても"有"を使うってことか〜。ニャるほど!

日本語でいう「ある」とか「いる」の意味になるんだよ。

場所を表す代名詞

さっきのフレーズで"那儿（あそこ）"っていうのが出てきたけど、見覚えないかい？

覚えてません!

そんなにあっさり言われちゃうと、ちょっとショック…。えっと、Lesson6（P.36）で習った"那（あれ）"に似てないかい？

あ、似てるー。

なんだ。覚えてるじゃない（笑）。それじゃあ次の、場所を表す代名詞の簡単な表を見てみようね。CDで音声も確認しよう。

▶▶ CD 30

場所を表す代名詞

ジョール zhèr **这儿** ここ	ジョーリ zhèli **这里** ここ	ナール nàr **那儿** あそこ・そこ	ナーリ nàli **那里** あそこ・そこ

こんな感じで"这(これ)""那(あれ)"に"儿"か"里"を付けると、場所を表す言葉になるんだよ。

ふ〜ん。"〜儿"と"〜里"の違いは何？ 意味は同じみたいだけど。

基本的には同じだけど、"〜儿"のほうが話し言葉で使われることが多いよ。

それならまずは"这儿"と"那儿"を覚えまーす。

そうだね、それじゃあ、「持っている」の意味の"有"をいろんな単語に入れかえて発音してみよう！

▶▶ CD 31

入れかえフレーズ
空欄にいろいろな単語を入れてみましょう

ウォー ヨウ
Wǒ yǒu

我 有 ◻ 。

私は 持っている

バリエーション単語

ディエンナオ	チーチョー	ショウジー	シンヨンカー
diànnǎo	qìchē	shǒujī	xìnyòngkǎ
电脑	汽车	手机	信用卡
パソコン	自動車	携帯電話	クレジットカード

Lesson 12 🎧 CD 32〜33

私は辞書を持っていません。

超基本文型
"有(ヨウ)"の表現2／
持っていますか？　ありません

"有(ヨウ)"は"没(メイ)"で否定しよう！

先生：次は"有(ヨウ)"の否定文と疑問文を作ってみよう。「私は辞書を持っていません。」は、どうなるかな？

ネコ助：否定文は"不(ブー)"を入れるから、"我 不 有 词典(ウォー ブー ヨウ ツーディエン)"でしょ？

先生：残念ながら不正解。次の基本フレーズを確認してみて。CDも聴いてね。

▶▶ CD 32

基本フレーズ1

ウォー	メイ	ヨウ	ツーディエン
Wǒ	méi	yǒu	cídiǎn
我	没	有	词典。
私は	〜ない	持っている	辞書を

私は辞書を持っていません。

ネコ助："不(ブー)"じゃない!!（ガーン）

先生：今まで否定形はずっと"不(ブー)"を使ってきたけど、"有(ヨウ)"の否定は例外で"没(メイ)"を使うんだよ。

070

🐱 へえー‼ たしかに日本語でも「没」って、「ない」みたいなニュアンスがあるよね。

疑問文は"吗"を付けるだけ

🐱 じゃあ疑問文はどうなるの？

👨 気になるよね。先に基本フレーズを見てみよう。

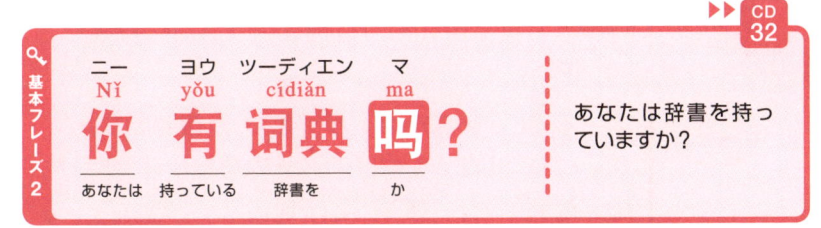

基本フレーズ2 ▶▶ CD32

ニー　ヨウ　ツーディエン　マ
Nǐ　yǒu　cídiǎn　ma
你　有　词典　吗？
あなたは　持っている　辞書を　か

あなたは辞書を持っていますか？

🐱 あれ？ 疑問文は今までどおり？

👨 そうなんだ。"有"の否定文は特殊だったけど、**疑問文は今までどおり"吗?"を最後に付ける**だけだよ。

🐱 安心した〜！

👨 疑問文の仲間の反復疑問文もLesson8（P.44）と同じで、"吗?"を付けずに「肯定＋否定」の形にするだけ。

🐱 ということは…？

👨 つまりは、**"有＋没有"の形にする**だけなんだ。次の例文を、CDを聴きながら確認しよう。

ニー	ヨウ	メイ	ヨウ	ツーディエン	
Nǐ	yǒu	méi	yǒu	cídiǎn	
你	有	没	有	词典？	あなたは辞書を持っていますか？
あなたは	持っている	ない	持っている	辞書	

ニャるほど〜！

反復疑問文で「あなたは時間がありますか？」はどうなると思う？「時間」は"时间"シージエンだよ。

えーっと、「あなたは」が"你"ニー、反復疑問文だから"有 没有"ヨウ メイヨウを付けて、そのあとに「時間」の"时间"シージエンで、"你 有 没 有 时间？"ニー ヨウ メイ ヨウ シージエン かな。

OK！"没有问题。（問題なし）"メイヨウウェンティだね。

場所を具体的に言う表現

「〜の上」「〜の中」、こんな言い方を覚えると、"有"ヨウを使ってもっと具体的な表現ができるよ。次の応用フレーズを見てみよう。

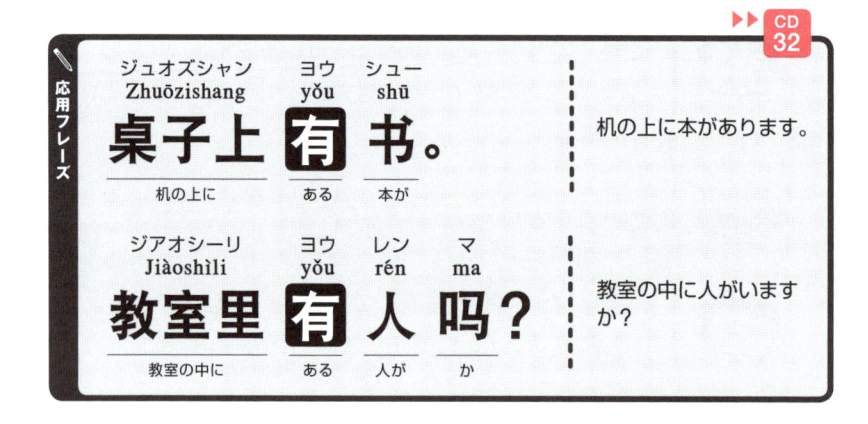

応用フレーズ

ジュオズシャン	ヨウ	シュー	
Zhuōzishang	yǒu	shū	
桌子上	有	书。	机の上に本があります。
机の上に	ある	本が	

ジアオシーリ	ヨウ	レン	マ	
Jiàoshìli	yǒu	rén	ma	
教室里	有	人	吗？	教室の中に人がいますか？
教室の中に	ある	人が	か	

👨 "桌子〈ジュオズ〉"と"教室〈ジアオシー〉"は名詞だよね。そのあとに「位置を示す語」を置いてるんだよ。

🐱 位置を示す語って？

👨 さっきの応用フレーズを見てごらん。"桌子〈ジュオズ〉"に"上〈シャン〉"、"教室〈ジアオシー〉"に"里〈リ〉"が付いてるね。この**"上〈シャン〉"は「〜の上」、"里〈リ〉"は「〜の中」**っていう意味で、これが位置を示す語だよ。

🐱 あ〜。だから"桌子上〈ジュオズシャン〉"で「机の上」になって、"教室里〈ジアオシーリ〉"で「教室の中」になるんだ！

👨 そういうこと！
それじゃあ、恒例の入れかえフレーズで、「私は〜を持っていません。」をマスターしちゃおう。

▶▶ CD 33

入れかえフレーズ
空欄にいろいろな単語を入れてみましょう

ウォー　メイ　ヨウ
Wǒ　méi　yǒu

我 没 有 ［　　　　］。

私は　〜ない　持っている

バリエーション単語

チエン qián **钱** お金	ユーサン yǔsǎn **雨伞** 傘	ミンピエン míngpiàn **名片** 名刺	ワイビー wàibì **外币** 外貨

073

Lesson 13 🎧 CD 34〜35

先生は教室にいます。

超基本文型
"在"の表現／
あります。います。〜で

「ある」「いる」の"在"

先生: それじゃあ次は、存在の意味を表すこんなフレーズから。さっそくCDを聴きながらチェックしよう。

▶▶ CD 34

基本フレーズ 1

ラオシー　ザイ　ジアオシーリ
Lǎoshī　zài　jiàoshìli
老师　在　教室里。
先生は　いる　教室に

先生は教室にいます。

ター　ブー　ザイ　リーベン
Tā　bú　zài　Rìběn
他　不　在　日本。
彼は　〜ない　いる　日本に

彼は日本にいません。

ネコ助: 今度の動詞は"在"か〜。

先生: そう。「私は〜にいます」のように、**存在の意味を表すんだ。語順は「人／物＋"在"＋場所」**だよ。

はーい!!

🧑 あとね、"我 在 日本。"を反対にして、"日本 有 我。"とできるんじゃないかと思う人がいるんだけど、これは間違い。

🐱 どうして？

🧑 **ある特定のものだとわかる語は、目的語にはできない**んだよ。

🐱 特定のものだとわかる語…？

🧑 うん。次にいくつか例を挙げてみたよ。CDも聴いてみてね。

▶▶ CD 34

母は台所にいます

○ マーマ ザイ チューファンリ
　Māma zài chúfángli
　妈妈 在 厨房里。
　母は　いる　台所に

× チューファンリ ヨウ マーマ
　Chúfángli yǒu māma
　厨房里 有 妈妈。
　台所に　いる　母は

私の家はあそこにあります

○ ウォー ジア ザイ ナール
　Wǒ jiā zài nàr
　我 家 在 那儿。
　私の　家は　ある　あそこに

× ナール ヨウ ウォー ジア
　Nàr yǒu wǒ jiā
　那儿 有 我 家。
　あそこに　ある　私の　家は

🐱 ん〜？　例文を見てもあんまりピンとこない…。

🧑 えっとね、「母」と「私の家」は限定されたものだよね。みんなのものじゃない。だから目的語にはできないよ。その代わり主語には、なれるんだ。

> だから"妈妈 在 厨房里。"はOKなのか～。
マーマ ザイ チューファン リ

> たとえばこれが"人（人）"のように不特定多数を表す語だったら、目的語になれるよ。
レン
"厨房里 有 人。（台所に人がいます。）"っていう感じだね。
チューファン リ ヨウ レン

「いますか？」の表現

> "在"にはこんな言い方もあるよ。
ザイ

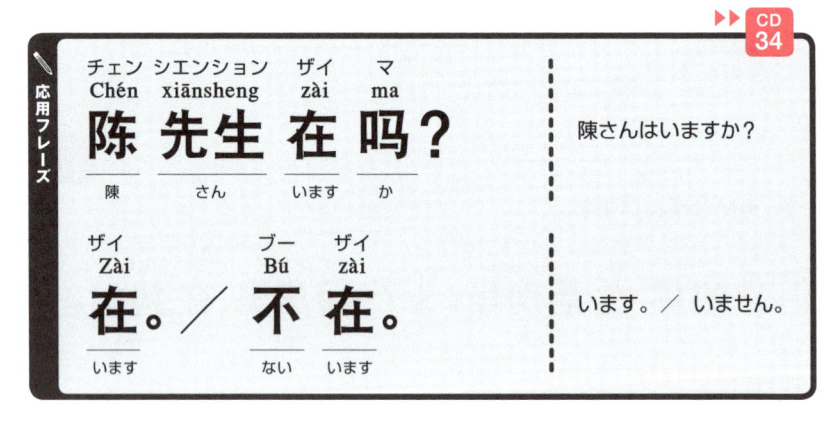

応用フレーズ CD 34

チェン	シエンション	ザイ	マ
Chén	xiānsheng	zài	ma
陈	先生	在	吗？
陳	さん	います	か

陳さんはいますか？

ザイ		ブー	ザイ
Zài		Bú	zài
在。	／	不	在。
います		ない	います

います。／ いません。

> 電話するときに使えそう！

> でしょ？ この"陈 先生"のところに、相手の名前を入れればそのまま使えるよ。
チェン シエンション

> この"陈 先生"の"先生"って「先生」の意味じゃないの？
チェン シエンション　シエンション

> これは日本語でいう「さん」。田中さんは"田中先生"、鈴木さんは"铃木 先生"になるんだよ。
ティエン ジョンシエンション　リンムー シエンション

へえ～！ 中国では、～さん、～様とかの敬称を付ける感覚ってどんな感じなんだろう？ 付けないと失礼になるのかな。

むしろ日本よりもおおらか。敬称を付けずにフルネームで呼び捨てにしても、失礼にはならないよ。

それは気を遣わずにすむ！ よかった♪

動詞ではない"在"の使い方

じゃあ、この中国語はどう訳すかな？ "我 在 教室里 看 书。" "书"は「本」っていう意味だよ。ヒントは前半の"我 在 教室里"と、後半の"看 书"で切り離して考えること。

前半の"我 在 教室里"は、「私は教室にいます」でしょ？ "看 书"は"看"が「読む」っていう意味だったから、「本を読みます」かな？

そうそう！ その調子、その調子！

だから…、「私は教室にいます」と「本を読みます」を合わせて、「私は教室で本を読みます。」かな？

正解！ **"在"は「～で」の意味にもなる**んだよ。次のフレーズを見てみようね。

基本フレーズ 2

ウォー	ザイ	ファンジエンリ	チー	ファン
Wǒ	zài	fángjiānli	chī	fàn
我	在	房间里	吃	饭。
私は	〜で	部屋	食べる	ご飯

> 私は部屋で食事をします。

👨「主語＋"在"＋場所＋動詞」の語順になるよ。

🐱 このときの"在"は動詞じゃないの？

👨 そう。この"在"は英語の「in」や「at」みたいな、前置詞の働きをしているよ。

🐱 ニャるほど！

👨 これを中国語では前置詞じゃなく、「介詞」と呼ぶよ。
ここで注意したいのが、**"在"＋場所」は必ず述語よりも前に置かれる**こと。

🐱 なんで注意が必要なんだろ。

👨「私は部屋で食事をします。」は英語にすると「I eat meals in the room.」だよね？「部屋で」の部分が文末に付いてる。だけど中国語は文末じゃなくて述語の前に入るんだ。だから間違える人が多いよ。

🐱 "我 吃 饭 在 房间里"は、だめなんだ。たしかに、これは間違えちゃうかも。

そうなんだよ。次は「私は部屋で食事をしません。」を中国語にしてみたよ。

▶▶ CD 34

ウォー	ブー	ザイ	ファンジエンリ	チー	ファン
Wǒ	bú	zài	fángjiānli	chī	fàn
我	不	在	房间里	吃	饭。
私は	～ない	～で	部屋	食べる	ご飯を

私は部屋で食事をしません。

"不"の場所に注意してね。"在"の前に入れるよ。動詞の前に"不"を入れちゃう人が多いんだ。

"吃（食べる）"の前に"不"を入れたら？

"我 在 房间里 不 吃 饭。"とすると、「私は部屋で食事はしません。」になって、これだと「部屋で食事はしないけど、お菓子は食べるかもしれない。」の意味合いになっちゃうんだ。では、最後に入れかえフレーズに挑戦！

▶▶ CD 35

入れかえフレーズ
空欄にいろいろな単語を入れてみましょう

ウォー	ザイ		マイ	ドンシ
Wǒ	zài		mǎi	dōngxi
我	在	☐	买	东西。
私は	～で			買い物をする

バリエーション単語

ジョール	シャンディエン	ビエンリーディエン	チャオシー
zhèr	shāngdiàn	biànlìdiàn	chāoshì
这儿	商店	便利店	超市
ここ	商店	コンビニ	スーパーマーケット

復習問題 3時間目 「超基本文型をマスター2」のおさらいトレーニング

1. 日本語を参考に、語群の中から正しい中国語を選び、（　）に書いてみましょう。
▶Lesson11〜13

❶ 私は辞書を持っています。

ウォー　　　　　　　　　ツーディエン
Wǒ　　　　　　　　　　cídiǎn
我　（　　　　）　词典。

❷ 私は傘を持っていません。

ウォー　　　　　　　　　ユーサン
Wǒ　　　　　　　　　　yǔsǎn
我　（　　　　）　雨伞。

❸ 私の家はあそこにあります。

ウォー　ジア　　　　　　ナール
Wǒ　jiā　　　　　　　nàr
我　家　（　　　　）　那儿。

❹ 彼は日本にいません。

ター　　　　　　　　　　リーベン
Tā　　　　　　　　　　 Rìběn
他　（　　　　）　日本。

語群	ザイ zài	メイヨウ méiyǒu	ブーザイ búzài	ヨウ yǒu
	在 /	没有 /	不在 /	有

2. 日本語を参考に、中国語を正しい順序に並べかえましょう。

▶Lesson11〜13

❶ 今日は授業があります。

▶

[课 / 有 / 今天]
  kè   yǒu   jīntiān
  クー   ヨウ   ジンティエン

❷ あなたは辞書を持っていますか？

▶

[有 / 没 / 你 / 词典 / 有 / ?]
  yǒu méi nǐ   cídiǎn yǒu
  ヨウ メイ ニー ツーディエン ヨウ

❸ 先生は教室にいます。

▶

[教室里 / 老师 / 在]
  jiàoshìli lǎoshī zài
  ジアオシーリ ラオシー ザイ

❹ 私はここで買い物をします。

▶

[这儿 / 在 / 我 / 东西 / 买]
  zhèr   zài wǒ dōngxi mǎi
  ジョール ザイ ウォー ドンシ   マイ

復習問題 3時間目 答えと解説

1.

❶ 我（**有**）词典。
ウォー ヨウ ツーディエン
Wǒ yǒu cídiǎn

解説 "有"は「持っている」という意味の動詞。「主語＋"有"＋目的語」の語順になる。

❷ 我（**没有**）雨伞。
ウォー メイヨウ ユーサン
Wǒ méiyǒu yǔsǎn

解説 "有"の否定は"不"ではなく"没"を使う。動詞では"有"の否定だけが、このような例外となる。

❸ 我 家（**在**）那儿。
ウォー ジア ザイ ナール
Wǒ jiā zài nàr

解説 "在"を使った「ある」の表現は人や物が主語になり、「人／物＋"在"＋場所」の語順になる。

❹ 他（**不在**）日本。
ター ブーザイ リーベン
Tā búzài Rìběn

解説 "在"は普通の動詞と同じように"不"で否定する。

2.

❶ <ruby>今天<rt>ジンティエン Jīntiān</rt></ruby> <ruby>有<rt>ヨウ yǒu</rt></ruby> <ruby>课<rt>クー kè</rt></ruby>。

解説 「今日は授業がある」は、「今日は授業を持っている」という文型になる。

❷ <ruby>你<rt>ニー Nǐ</rt></ruby> <ruby>有<rt>ヨウ yǒu</rt></ruby> <ruby>没<rt>メイ méi</rt></ruby> <ruby>有<rt>ヨウ yǒu</rt></ruby> <ruby>词典<rt>ツーディエン cídiǎn</rt></ruby>？

解説 "吗"を文末に付けずに、"**有（肯定）＋没有（否定）**"の形で疑問文にすることもできる。

❸ <ruby>老师<rt>ラオシー Lǎoshī</rt></ruby> <ruby>在<rt>ザイ zài</rt></ruby> <ruby>教室里<rt>ジアオシーリ jiàoshìli</rt></ruby>。

解説 **存在を表す"在"の文**。「人／物＋"在"＋場所」の語順になる。

❹ <ruby>我<rt>ウォー Wǒ</rt></ruby> <ruby>在<rt>ザイ zài</rt></ruby> <ruby>这儿<rt>ジョール zhèr</rt></ruby> <ruby>买<rt>マイ mǎi</rt></ruby> <ruby>东西<rt>ドンシ dōngxi</rt></ruby>。

解説 "在"は「in」や「at」と同じように**場所を表す「〜で」の意味**がある。ただし、述語よりも前に置かれるので注意。

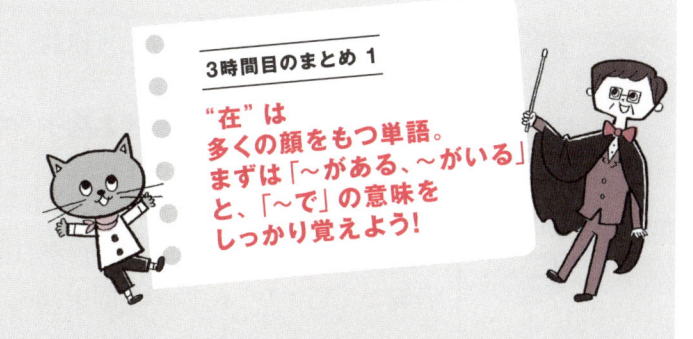

3時間目のまとめ 1

"在"は
多くの顔をもつ単語。
まずは「〜がある、〜がいる」
と、「〜で」の意味を
しっかり覚えよう！

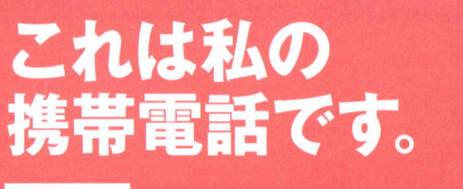

Lesson 14 🎧 CD 36〜37

これは私の携帯電話です。

超基本文型
"的"の表現／私の〜、彼の〜

"我的" は「my」と同じ意味

先生: "在" の表現はマスターできたかな？ 次は "的" を紹介しよう。これもよく出てくるよ。

▶▶ CD 36

基本フレーズ				
ジョー	シー	ウォー	ダ	ショウジー
Zhè	shì	wǒ	de	shǒujī
这	是	我	的	手机。
これは	〜です	私	〜の	携帯電話

これは私の携帯電話です。

ネコ助: どうやら "的" がポイントみたい！

先生: おっ！ いい勘してるね。"我的" で「私の」っていう意味になるんだ。

ネコ助: それじゃ「あなたの」なら "你的"？

先生: そうだね。**"的" は「人称代名詞＋"的"＋名詞」の形で、所有や所属を表す**よ。

ネコ助: 英語の「my」みたい。"的" があれば誰かの所有物ってことか〜。簡単、簡単。

084

そうとは限らないんだ。"的"の前と後ろの関係が密接なときは、"的"を省略できるんだよ。

関係が密接??

うん。たとえば家族、友だち、所属機関、それとすでに熟語化しているものだよ。

"的"を使わない例

家族	ウォー バーバ wǒ bàba **我 爸爸** 私の父	所属機関	ウォーメン ゴンスー wǒmen gōngsī **我们 公司** 私たちの会社
友だち	ター ポンヨウ tā péngyou **她 朋友** 彼女の友だち	熟語化しているもの	インユエ ザージー yīnyuè zázhì **音乐 杂志** 音楽(の)雑誌

へえ〜。じゃあ "我 的 爸爸" は間違いなの?

間違いではないけど、一般的には言わないね。

"的"のいろいろな使い方

実は、「私の〜」「あなたの〜」のような所有の意味じゃない"的"もあるよ。

はあ…。例外ってやつですか?

そんなに落ち込まないで。次の例を見てみて。形容詞と"的"で、名詞を修飾してるよね。

形容詞が名詞を修飾する例

ヘン グイ ダ ダーイー
hěn guì de dàyī
很 贵 的 大衣 　とても高いコート
とても 高い　　コート
　形容詞　　　名詞

🐱 本当だー。さっきとは違う"的"だ。

👨 それからこんな形も。

動詞＋目的語（〜を○○する）が名詞を修飾する例

シュエシー ハンユー ダ シュエション
xuéxí Hànyǔ de xuésheng
学习 汉语 的 学生 　中国語を学ぶ学生
学ぶ 中国語　　学生
　動詞＋目的語　　名詞

👨 **前にある語句が、後ろの語句を修飾している**ね。これは順番が日本語に似ていて、訳しやすいと言われてるよ。

🐱 "很贵（とても高い）"が後ろの"大衣（コート）"を修飾してて、"学习汉语（中国を学ぶ）"が"学生（学生）"を修飾してるんだ。

👨 そういうこと。

🐱 でも"我的〜"が「私の〜」のイメージが強くって。なかなか覚えられないかも。

そういえば、日本語を勉強し始めたばかりの中国人は、"的"は「〜の」だと思い込んでいることがあって、「高いのコート」「中国語を学ぶの学生」なんて、妙な訳をすることがあるよ。

あっ！ たしかに聞いたことあるかも！ そういう理由があったんだ。

中国人ならではの間違いだよね。それじゃあ、次の入れかえフレーズでは、所有を示す"的"の表現をたくさん発音してみようね。CDを聴きながらトライ！

▶▶ CD 37

入れかえフレーズ

空欄にいろいろな単語を入れてみましょう

ジョー	シー		ダ	ショウジー
Zhè	shì		de	shǒujī
这	是	☐	的	手机。
これは	〜です		〜の	携帯電話

バリエーション単語

ニー	ウォー	マーマ	ター	ポンヨウ	ゴンスー
nǐ	wǒ	māma	tā	péngyou	gōngsī
你	我	妈妈	她	朋友	公司
あなた	私の	母	彼女の友だち		会社

Lesson 15 🎧 CD 38〜39

私は音楽を聴きますが、あなたは？

超基本文型
意見を求める表現／
〜は？　〜しよう

「じゃあ〜は？」の"呢"

先生：よ〜っし！　これで3時間目最後のレッスン。気合いを入れて、まずはこのフレーズから！

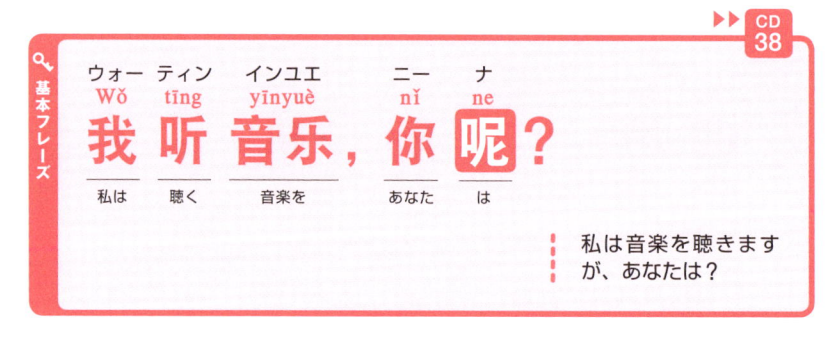

▶▶ CD 38

基本フレーズ

我	听	音乐,	你	呢？
Wǒ ウォー	tīng ティン	yīnyuè インユエ	nǐ ニー	ne ナ
私は	聴く	音楽を	あなた	は

私は音楽を聴きますが、あなたは？

先生："呢"を文末に付けると、直前に言った内容を相手が理解している前提で「じゃあ、〜は（どう）？」と、相手の意向や意見を尋ねる疑問文になるよ。これを省略疑問文というんだ。

ネコ助：頭の中が整理できない〜！

先生：くわしく説明するね。前半の"我 听 音乐"は「私は音楽を聴きます」の意味。それを相手が

理解した前提で、後半の"你呢?"で「じゃあ、あなたは?」っていう質問をしているんだ。

ふむふむ。相手に話しを振る感じってこと?

そうだね。それじゃあこれはどう訳す? "我喝 啤酒, 你 呢?" "喝" は「飲む」、"啤酒" はネコ助くん大好物の「ビール」だよ。

えーっと。前半は「私はビールを飲みます」で、後半が「あなたは?」だから…、「私はビールを飲むけど、あなたは?」かな。

正解! じゃあ、これはどう? "英语 很 难, 汉语 呢?" "英语" は「英語」、"难" は「難しい」、"汉语" は「中国語」の意味だよ。

前半は「英語は難しい」ですよね? 後半は中国語っていう意味の単語に"呢?"が付いてる…。これはどう訳すんだ?!

「英語は難しいけど、中国語は?」と訳すんだ。話題の対象を英語から中国語にかえて、**「一方、もうひとつのほうはどう?」**と尋ねてるんだよ。じゃあ、次のフレーズはどうなるかな?

応用フレーズ ▶▶ CD 38

ウォー	ダ	チエンバオ	ナ
Wǒ	de	qiánbāo	ne
我	**的**	**钱包**	**呢?**
私	の	財布	は

私の財布は?

> さっきのフレーズと違って、前半・後半に分けられないよ！

> うん。このように前提となる話題がなくて、**最後に"〜呢(ナ)?"と言えば、物をさがしている感じにもなる**んだ。

"吧(バ)"には3つの使い方がある！

> "呢(ナ)"や疑問の"吗(マ)"のような語を、語気助詞というよ。**文末で話し手の感情や態度を示す**ことができるんだ。

> 文末で話し手の感情や態度を示す？ なんだかさっぱり。

> 日本語でも「〜ですよ」とか「〜ですね」って言うじゃない？ あんな感じのこと。じゃあ、語気助詞"吧(バ)"のいろんなパターンを見てみよう。

▶▶ CD 38

ウォーメン チー ワンファン バ
Wǒmen chī wǎnfàn ba
我们 吃 晚饭 吧。　私たち、晩ご飯を食べましょう。
私たちは　食べる　晩ご飯を　〜しよう

ニー シエン チュー バ
Nǐ xiān qù ba
你 先 去 吧。　あなた、先に行ってください。
あなたは　先に　行く　〜して

ター シー ジョングオレン バ
Tā shì Zhōngguórén ba
他 是 中国人 吧。　彼は中国人でしょう。
彼は　〜である　中国人　だろう

どれも "吧" を使ってるのに、こんなに意味が違うの?!

うん。この "吧" には3つの使い方があるよ。

ウォーメン チー ワンファン バ
我们 吃 晚饭 吧。 → 提案・勧誘

ニー シエン チュー バ
你 先 去 吧。 → 軽い命令

ター シー ジョングオレン バ
他 是 中国人 吧。 → 推測

ほえー。こんなに意味があるのか〜。どうやって見分けるの?

これは前後の文で推測するしかないんだよ。ぜひ使いこなしてみてね。じゃあ、最後に入れかえフレーズで練習しよう。

▶▶ CD 39

入れかえフレーズ
空欄にいろいろな単語を入れてみましょう

ウォー チー　　　　　　　　　　　　　ニー ナ
Wǒ chī　　　　　　　　　　　　　　nǐ ne

我 吃 □ , 你 呢?
私は 食べる　　　　　　　　　　　　　あなた は

バリエーション単語

ウーファン	リーベンツァイ	サンミンジー	ハンバオバオ
wǔfàn	Rìběncài	sānmíngzhì	hànbǎobāo
午饭	日本菜	三明治	汉堡包
昼ご飯	日本料理	サンドイッチ	ハンバーガー

復習問題 3時間目 「超基本文型をマスター2」のおさらいトレーニング

1. 日本語を参考に、中国語を正しい順序に並べかえましょう。 ▶Lesson14, Lesson15

❶ これは私の携帯電話です。

▸ _____

[
シー / ジョー / ダ / ショウジー / ウォー
shì / zhè / de / shǒujī / wǒ
是 ／ 这 ／ 的 ／ 手机 ／ 我
]

❷ 私は音楽を聴きますが、あなたは？

▸ _____

[
インユエ / ティン / ニー / ウォー / ナ
yīnyuè / tīng / nǐ / wǒ / ne
音乐 ／ 听 ／ 你 ／ 我 ／ 呢 ／ ？
]

❸ 私の財布は？

▸ _____

[
ダ / ナ / ウォー / チエンバオ
de / ne / wǒ / qiánbāo
的 ／ 呢 ／ 我 ／ 钱包 ／ ？
]

2. 次の中国語を、日本語に訳してみましょう。

▶Lesson14, Lesson15

❶ 他 是 学 汉语 的 学生。
　Tā shì xué Hànyǔ de xuésheng
　ター シー シュエ ハンユー ダ シュエション

(　　　　　　　　　　　　　　　　　　　　　　　　　)

❷ 这 是 很 贵 的 大衣。
　Zhè shì hěn guì de dàyī
　ジョー シー ヘン グイ ダ ダーイー

(　　　　　　　　　　　　　　　　　　　　　　　　　)

❸ 我 吃 三明治，你 呢?
　Wǒ chī sānmíngzhì nǐ ne
　ウォー チー サンミンジー ニー ナ

(　　　　　　　　　　　　　　　　　　　　　　　　　)

❹ 你 先 去 吧。
　Nǐ xiān qù ba
　ニー シエン チュー バ

(　　　　　　　　　　　　　　　　　　　　　　　　　)

❺ 他 是 中国人 吧。
　Tā shì Zhōngguórén ba
　ター シー ジョングオレン バ

(　　　　　　　　　　　　　　　　　　　　　　　　　)

復習問題 3時間目 答えと解説

1.

❶ 这是 我的手机。
ジョー シー ウォー ダ ショウジー
Zhè shì wǒ de shǒujī

解説 "我的（私の）"が、"手机（携帯電話）"を修飾し、所有していることを表している。

❷ 我听音乐，你呢？
ウォー ティン インユエ ニー ナ
Wǒ tīng yīnyuè nǐ ne

解説 "〜呢？"は直前に言った内容について、「じゃあ、〜はどう？」と相手に意見を求める疑問文になる。英語の「How about〜？」に近いニュアンス。

❸ 我的钱包呢？
ウォー ダ チエンバオ ナ
Wǒ de qiánbāo ne

解説 このように前提なく"〜呢？"と言えば、**ものを探している表現**にもなる。

2.

❶ 彼は中国語を学ぶ学生です。

解説 "学 汉语（中国語を学ぶ）" という「**動詞 ＋ 目的語**」が "学生（学生）" を修飾している。

❷ これはとても高いコートです。

解説 形容詞 "贵（高い）" が名詞 "大衣（コート）" を修飾している。
❶❷ともに "的" が「〜の」の意味にはならない例。

❸ 私はサンドイッチを食べますが、あなたは？

解説 前半の "我 吃 三明治（私はサンドイッチを食べます）" に対して、**"你呢?"** で、相手の意見や意向を尋ねている。

❹ あなた、先に行ってください。

解説 文末の "吧" は、このように**軽い命令**を表すこともできる。

❺ 彼は中国人でしょう。

解説 この "吧" は、**推測**を表している。

3時間目のまとめ 2

"的" は「〜の」の
所有を表すだけでなく、
動詞や形容詞と名詞を
つなげることだってある！

休み時間 3
中国の人びとエトセトラ

◯◯円も払ったのよ
－中国人の金銭感覚－

　中国人と話をしていると、随所に物の値段が出てきます。日本人の場合、値段の話は表面的にはなるべく避けようとする傾向がありますが、彼らは違います。

　中国ではおみやげもお金に換算され、それが誠意の尺度となります。「これはわざわざ買いました。◯◯円もしたのです」は決して恩を売っているのではなく、「あなたのために」という誠意の表れなのです。

　高価な物を買うことは中国人にとって誇るべきことであり、いかに誠意を尽くしたかを堂々と主張します。日本人の「つまらないものですが」などの言い方は失礼千万なので、「わざわざ」にあたる"特意"(ターイー)"特地"(ターディー)を遠慮なく使いましょう。

　このように、中国では親しい人との交際に関してはお金をケチらず、気持ちの重みに見合った費用をかけます。

　ケチの印象を与えると、かなりのマイナス要因になってしまうのです。

4時間目

基本の疑問詞をマスター

4時間目は「何」「誰」「どこ」などの疑問詞を教えるよ。
英語と比べて、実は中国語のほうが語順はわかりやすいんだ。
きっとどんどん中国語の学習がおもしろくなってくるはず!

Lesson 16 🎧 CD 41〜42

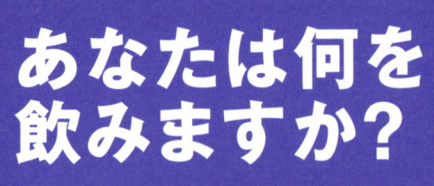

あなたは何を飲みますか？

基本の疑問詞
"什么〜?"(シェンマ) "谁〜?"(シェイ)の表現／
何を〜？　誰が〜？

「何」は"什么"(シェンマ)、「誰」は"谁"(シェイ)

ネコ助: いよいよ4時間目ですね！　半分以上進んだのか〜（しみじみ）！

先生: 早いものだねえ（しみじみ）。

ネコ助: そして今回は気分転換ということで、カフェでの授業！　先生は何を飲みますか？

先生: おっ！　ちょうどいい質問。今回はその「何を〜？」や「誰〜？」、つまり疑問詞を勉強しよう。

ネコ助: 英語でいう「what」や「who」のこと？

先生: うん。次のフレーズを確認しようか。

基本フレーズ 1 ▶▶ CD 41

ニー	フー	シェンマ
Nǐ	hē	shénme
你	喝	**什么** ？
あなたは	飲む	何を

あなたは何を飲みますか？

「what」と同じ働きをするのが"什么"だよ。

文の最後に"什么"を置くのかあ。「what」は前に付けるから、間違えそう！

うん。気をつけて！"什么"を使うときは、こんな決まりがあるよ。
- **肯定文の中で知りたい部分に"什么"をあてはめる**だけ。語順は変わらない。
- **文末に"吗"を付けない**。

知りたい部分に"什么"を入れるだけって？

うん。くわしく解説する前に、もう1つ基本フレーズを見てみよう。

▶▶ CD 41

基本フレーズ 2

シェイ フー ホンチャー
Shéi hē hóngchá
谁 喝 红茶？
誰が 飲む 紅茶を

誰が紅茶を飲みますか？

今度は"谁"？

これは「who」にあたる疑問詞だね。じゃあ、さっきの質問に答えようかな。
「あなたは紅茶を飲みます。」は"你 喝 红茶。"となるよね？ じゃあ、何を飲むかがわからなかったら、「紅茶」が知りたい部分になるよね。そこに"什么"を入れて"你 喝 什么？"となるわけ。ね、"红茶"が消えたでしょ？

1時間目 文字と発音をマスター

2時間目 超基本文型をマスター1

3時間目 超基本文型をマスター2

4時間目 基本の疑問詞をマスター

🐱｜そっか、そっか。じゃあ、2つめのフレーズは？

👨｜これも同じ。「あなたは紅茶を飲みます。」は"你喝红茶。"だけど、今度わからないのは「あなた」の部分。だからそこに"谁"を入れて"谁喝红茶？"となる。並べるとよくわかるよ。

▶▶ CD 41

ニー Nǐ	フー hē	ホンチャー hóngchá	
你	喝	红茶。	あなたは紅茶を飲みます。
あなたは	飲む	紅茶を	

ニー Nǐ	フー hē	シェンマ shénme	
你	喝	什么？	あなたは何を飲みますか？
あなたは	飲む	何を	

シェイ Shéi	フー hē	ホンチャー hóngchá	
谁	喝	红茶？	誰が紅茶を飲みますか？
誰が	飲む	紅茶を	

🐱｜本当だー！ 語順が変わらないなんて、うれしい！

"什么"や"谁"で名詞を修飾する

👨｜"什么"と"谁"にはこんな使い方もあるよ。まずは"什么"の応用フレーズを見てみよう。

▶▶ CD 41

応用フレーズ1

ニー Nǐ	シーホアン xǐhuan	シェンマ shénme	ツァイ cài	
你	喜欢	**什么**	菜？	あなたはどんな料理が好きですか？
あなたは	好む	どんな	料理を	

100

"什么"は「何の○○・どんな○○」のように、名詞を修飾できるんだ。このフレーズでは"菜（料理）"を修飾してるね。

ふむふむ。それじゃあ"谁"はどうなるの？

"谁"に"的"を付けて「誰の～」にするよ。"什么"には「何の」の意味があるけど、"谁"には「誰」の意味しかないから"的"を付けて名詞を修飾するんだ。フレーズを見てみよう。

応用フレーズ2　CD 41

ジョー Zhè	シー shì	シェイ shéi	ダ de	ベンズ běnzi
这	是	谁	的	本子？
これは	～です	誰	の	ノート

これは誰のノートですか？

それじゃあ、いつもの締めくくり。入れかえフレーズに挑戦！

入れかえフレーズ　CD 42

空欄にいろいろな単語を入れてみましょう

ニー Nǐ		シェンマ shénme
你	☐	什么？
あなたは		何を

バリエーション単語

チー chī	カン kàn	ヨウ yǒu	ヤオ yào
吃	看	有	要
食べる	見る	持っている	必要とする

101

Lesson 17 🎧 CD 43〜45

銀行はどこにありますか？

基本の疑問詞
"哪儿〜?" "哪个〜?"の表現／
どこに〜？　どれが〜？

「どこ」は"哪儿"を使おう

先生：Lesson11（P.68）で"这儿（ここ）"や"那儿（あそこ・そこ）"っていう、場所を表す語を勉強したね。あれに加えたいことがあるんだよ。

ネコ助：なんだろ？　また難しくなっちゃうの？

先生：そう言わずに（笑）。加えたいのは「どこ〜？」の疑問詞。「what」「who」の次は「where」の出番というわけ。次の表を見てみよう。

▶▶ CD 43

場所を表す代名詞

ジョール zhèr **这儿** ここ	ナール nàr **那儿** あそこ・そこ	ナール nǎr **哪儿** どこ
ジョーリ zhèli **这里** ここ	ナーリ nàli **那里** あそこ・そこ	ナーリ nǎli **哪里** どこ

😀 表のいちばん右の"哪儿(ナール)""哪里(ナーリ)"の2つが「どこ？」にあたる疑問詞だよ。

🐱 なんだか全部同じに見える〜。

😀 特に表の真ん中の"那儿(ナール)""那里(ナーリ)"とよく似てるよね。この"那(ナー)"に口偏(くちへん)を付けて"哪(ナー)"になるよ。

🐱 そう考えると覚えやすいかも。

😀 うん。発音は"那(ナー)"が4声で"哪(ナー)"が3声。ただし！**"哪里(ナーリ)"は2声＋軽声で発音**するよ。じゃあ次のフレーズを見てみようね。

▶▶ CD 44

基本フレーズ1

| インハン
Yínháng
银行
銀行は | ザイ
zài
在
ある | ナール
nǎr
哪儿
どこに | ？ | 銀行はどこにありますか？ |

😀 何か気づかない？

🐱 ん?? 何だろう。

😀 "哪儿(ナール)"の位置。これも知りたい部分に入れているだけだよ。

🐱 ニャるほど〜。これで出張中の北京で道に迷っても大丈夫だ！

「どれ」は"哪个"を使おう

次に紹介したいのが「どれ?」の疑問詞。いわゆる「which」だよ。だけどその前に動詞の"要"を覚えておこうね。

▶▶ CD 44

ウォー ヤオ ウーロンチャー
Wǒ yào wūlóngchá
我 要 乌龙茶。 ウーロン茶がほしいです。
私は ほしい ウーロン茶を

ウォー ヤオ ヨウジエン
Wǒ yào yóujiàn
我 要 邮件。 メールがほしいです。
私は ほしい メールを

"要"で「ほしい」っていう意味なんだ〜。

そう。よく使うフレーズになること間違いなしでしょ? それで"乌龙茶(ウーロン茶)"、"邮件(メール)"の代わりに、「どれ」の疑問詞"哪个"を入れてみるね。

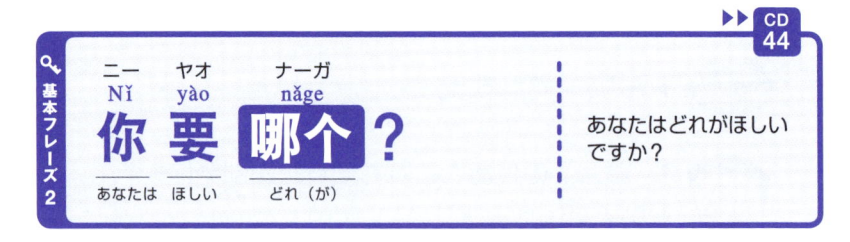

▶▶ CD 44

基本フレーズ2

ニー ヤオ ナーガ
Nǐ yào nǎge
你 要 哪个? あなたはどれがほしいですか?
あなたは ほしい どれ(が)

あっ!「どれがほしいですか?」になった!

でしょ? この"哪个"の"个"は1個、2個の「個」にあたる単位のことだよ。

104

> 「個」の意味？ 訳には「個」が入ってないよ？

うん。"这（これ）""那（あれ）""哪（どれ）"を「これを」「あれを」「どれを」とか、「この」「あの」「どの」とするときは、"个"が付く。独特な言い方だよね。あえて訳すと「この1個」「あの1個」「どの1個」っていうイメージかな。中国語ではこうした単位を量詞というよ。それじゃあ、入れかえフレーズで発音しよう。

▶▶ CD 45

入れかえフレーズ
空欄にいろいろな単語を入れてみましょう

☐ 在 哪儿？
　　ザイ ナール
　　zài　nǎr
　　ある　どこに

バリエーション単語

ヨウジュー	チョージャン	ツースオ	チーチョージャン
yóujú	chēzhàn	cèsuǒ	qìchēzhàn
邮局	车站	厕所	汽车站
郵便局	駅	トイレ	バス停

你 要 哪个 ☐ ？
ニー ヤオ ナーガ
Nǐ　yào　nǎge
あなたは ほしい どの

バリエーション単語

ショウジー	ショウビアオ	ディエンナオ	シュイグオ
shǒujī	shǒubiǎo	diànnǎo	shuǐguǒ
手机	手表	电脑	水果
携帯電話	腕時計	パソコン	くだもの

Lesson 18　🎧CD 46〜47

この腕時計はどう？

基本の疑問詞
"怎么样(ゼンマヤン)"の表現／
〜はどうですか？

「どうですか？」は"怎么样(ゼンマヤン)"を使おう

先生：次も疑問詞。まず基本フレーズを紹介しよう。

基本フレーズ1 ▶▶ CD46

这个	手表	怎么样？
ジョーガ Zhège	ショウビアオ shǒubiǎo	ゼンマヤン zěnmeyàng
この	腕時計は	どうか

→ この腕時計はどう？

你	看	怎么样？
ニー Nǐ	カン kàn	ゼンマヤン zěnmeyàng
あなたは	思う	どうか

→ あなたはどう思う？

先生："怎么样"は感想を求める表現で「どうですか？」の意味だよ。1つめのフレーズは何を聞いてる？

ネコ助：えーっと、「この腕時計」の感想を聞いてます！

先生：そうだね。それじゃあ、2つめは？

🐱 何かの感想を聞いてるみたい。でも"看"って「見る」っていう意味じゃなかったっけ。

👨 よく覚えてるね！ 実はこの"看"は単なる「見る」じゃなくて、「思う・みなす」に近い感覚。だから"你看怎么样?"で「どのように思いますか?」っていう意味になるんだね。

🐱 ほえ～～！

👨 うん。あとはこんな言い方もできるよ。

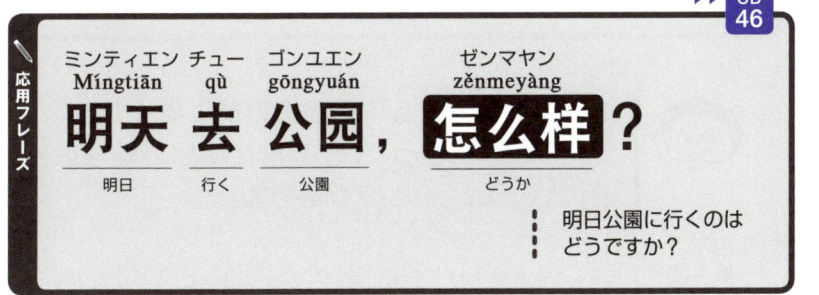

▶▶ CD 46

応用フレーズ

Míngtiān qù gōngyuán, zěnmeyàng
ミンティエン チュー ゴンユエン ゼンマヤン
明天 去 公园, 怎么样？
明日　行く　公園　　　　どうか

明日公園に行くのはどうですか？

👨 「明日公園に行く」という提案のあとで、"怎么样"を添えて、相手の感想を求めたり、意向を確認したりしてるんだね。もともと"怎么"は「どう、どのように」という意味の疑問詞。"样"は様子の「様」の簡体字なんだ。"怎么"だけを使う表現もあるよ。

🐱 もしかして英語の「how」に似てる？

👨 そうだね。次は"怎么"を使ったフレーズ。

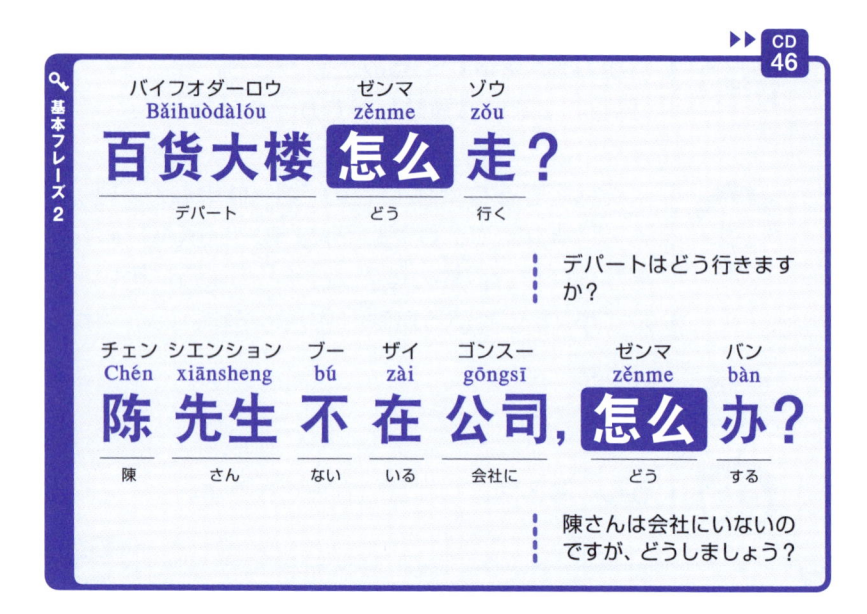

基本フレーズ 2

バイフオダーロウ ゼンマ ゾウ
Bǎihuòdàlóu zěnme zǒu
百货大楼 怎么 走？
デパート どう 行く

デパートはどう行きますか？

チェン シエンション ブー ザイ ゴンスー ゼンマ バン
Chén xiānsheng bú zài gōngsī zěnme bàn
陈 先生 不 在 公司， 怎么 办？
陳 さん ない いる 会社に どう する

陳さんは会社にいないのですが、どうしましょう？

ポイントは "怎么（ゼンマ）" を動詞の前に置くこと。"办（バン）" は「する」っていう意味だけど、「処理する」というニュアンスがあるよ。

困ったときは "怎么 办？（ゼンマ バン）（どうしよう）" を使おうっと！

だけど乱発しないようにね。社会人なら自分の意見を持たないと（笑）。それともう1つ、"怎么（ゼンマ）" には理由を問う「なぜ」の意味もあるよ。例文を見てみて。

ニー ゼンマ ブー チュー
Nǐ zěnme bú qù
你 怎么 不 去？
あなたは なぜ 〜ない 行く

あなたはどうして行かないのですか？

> なんか責められているみたい…。

> たしかに"怎么（ゼンマ）"の「どうして」は不審に思っているニュアンスを表すことが多いね。だから単純に理由を聞きたいときは、これ！

▶▶ CD 46

ウェイ シェンマ
Wèi shénme
为什么？ どうしてですか？
〜のため　何

> "为（ウェイ）"って何？ これも珍しい形だー。

> これは「為」の簡体字。まさに「何の為に＝なぜ」だよね。それじゃあ、最後に"怎么样（ゼンマヤン）"でいろんなフレーズを発音してみよう！

▶▶ CD 47

入れかえフレーズ
空欄にいろいろな単語を入れてみましょう

　　　　　ゼンマヤン
　　　　　zěnmeyàng
☐☐☐☐ **怎么样？**
　　　　　どうか

バリエーション単語

ジョーガ	ゴンズオ	ティエンチー	シェンティー
zhège	gōngzuò	tiānqì	shēntǐ
这个	工作	天气	身体
これ	仕事	天気	身体

109

復習問題 4時間目 「基本の疑問詞をマスター」のおさらいトレーニング

1. 次の簡体字をなぞって練習してから、書いてみましょう。
▶Lesson 16〜18

❶ 何
シェンマ
shénme
什么 →（什么）→（　　）

❷ 好む
シーホアン
xǐhuan
喜欢 →（喜欢）→（　　）

❸ どこ
ナール
nǎr
哪儿 →（哪儿）→（　　）

❹ どうか
ゼンマヤン
zěnmeyàng
怎么样 →（怎么样）→（　　　）

❺ 〜のため
ウェイ
wèi
为 →（为）→（　　）

2. 次の中国語を、日本語に訳してみましょう。

▶Lesson16～18

ニー　チー　シェンマ
Nǐ　chī　shénme

❶ 你 吃 什么？

(　　　　　　　　　　　　　　　　　　　)

インハン　　ザイ　　ナール
Yínháng　zài　nǎr

❷ 银行 在 哪儿？

(　　　　　　　　　　　　　　　　　　　)

ニー　ヤオ　ナーガ
Nǐ　yào　nǎge

❸ 你 要 哪个？

(　　　　　　　　　　　　　　　　　　　)

ミンティエン　チュー　ゴンユエン　　ゼンマヤン
Míngtiān　qù　gōngyuán，zěnmeyàng

❹ 明天 去 公园，怎么样？

(　　　　　　　　　　　　　　　　　　　)

バイフオダーロウ　　ゼンマ　　ゾウ
Bǎihuòdàlóu　zěnme　zǒu

❺ 百货大楼 怎么 走？

(　　　　　　　　　　　　　　　　　　　)

復習問題 4時間目 答えと解説

1.

❶ 什么 シェンマ shénme

解説 「何の・どんな」の意味で名詞を修飾することもできる疑問詞。

❷ 喜欢 シーホアン xǐhuan

解説 "欢"は「歓」の簡体字。

❸ 哪儿 ナール nǎr

解説 "哪（どれ）"に"儿"を付けて、「どこ」という疑問詞になる。

❹ 怎么样 ゼンマヤン zěnmeyàng

解説 "怎么"は「どう、どのように」の意味で、"样"は「様」の簡体字なので、"怎么样"は「どんな感じ?」となる。

❺ 为 ウェイ wèi

解説 "为"は「為」の簡体字。書き順は①"丶"②"ノ"③"ﾌ"④"丶"となる。

2.

❶ あなたは何を食べますか？

解説 食べたいものがわからないので、**目的語の部分に"什么（何）"**を置いている。語順の変化はない。

❷ 銀行はどこにありますか？

解説 "银行（銀行）"の場所がわからないので、**場所を表す部分に"哪儿（どこ）"**という疑問詞を置いている。"～在哪儿?"は、道や場所がわからないときに使う。

❸ あなたはどれがほしいですか？

解説 お店などでよく聞かれるフレーズ。"哪（どれ）"は主語になるとき以外は、**"哪个"のように量詞を付けて使う。**

❹ 明日公園に行くのはどうですか？

解説 "明天 去 公园（明日公園に行く）"という提案のあとに、**"怎么样?"**で相手の意向を確認している。

❺ デパートはどう行きますか？

解説 "怎么"は「どのように」という方法や手段を問う疑問詞。「**"怎么"＋動詞**」で「どのように～する？」という疑問文になる。

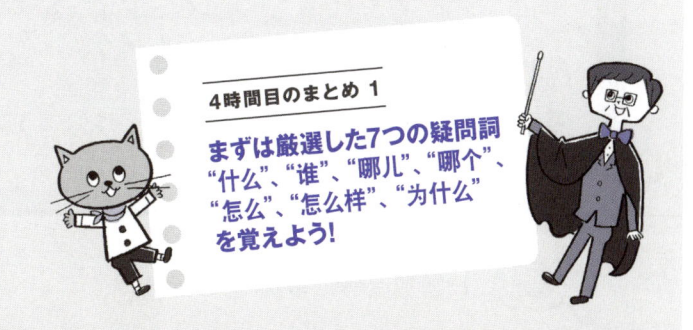

4時間目のまとめ 1

まずは厳選した7つの疑問詞 "什么"、"谁"、"哪儿"、"哪个"、"怎么"、"怎么样"、"为什么"を覚えよう！

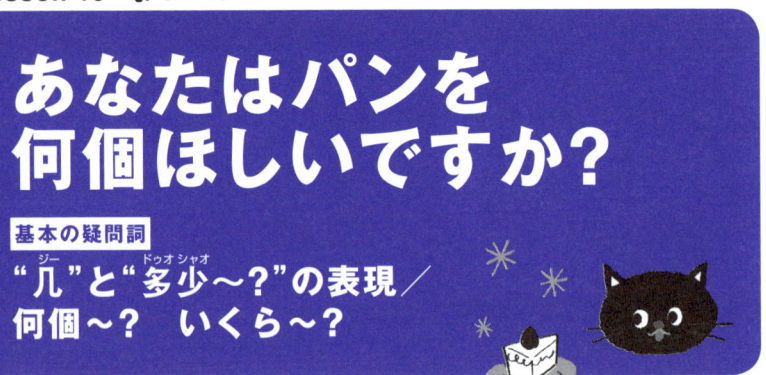

Lesson 19　CD 48〜51

あなたはパンを何個ほしいですか？

基本の疑問詞
"几"(ジー)と"多少〜?"(ドゥオシャオ)の表現／
何個〜?　いくら〜?

"几"(ジー)で数を尋ねる

先生｜次は、数字の表現を紹介しようね。

ネコ助｜数字って苦手なんですよねえ…。

先生｜気を取り直してがんばろう！　まずはこのフレーズから。

｜がんばるニャー!!

基本フレーズ1　CD 48

ニー Nǐ	ヤオ yào	ジー jǐ	ガ ge	ミエンバオ miànbāo
你	要	几	个	面包？
あなたは	ほしい	いくつ	〜個	パン

あなたはパンを何個ほしいですか？

ウォー Wǒ	ヤオ yào	サン sān	ガ ge	ミエンバオ miànbāo
我	要	三	个	面包。
私は	ほしい	3	〜個	パン

私は3個ほしいです。

｜個数を尋ねる疑問文だ〜。

114

そう。ここで"几"は「幾」の簡体字で「いくつ」の意味だよ。"个"は前に勉強したよね。

（無言）

あれ？ 黙っちゃった？（笑）"个"は「〜個」の意味。だから"几个＋面包？"で「パンを何個？」っていう意味になるんだよ。

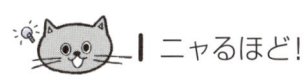

ニャるほど！

それに2つめのフレーズでは"三个面包"で「3個のパン」となってるね。

あっ！ つまり物を数えるときは「数字＋"个"＋名詞」ってこと？

それがちょっと違うよ。日本語では「3個」「3人」のように、物と人で単位が変わるけど、**中国語は人を数えるときも"个"を使う**んだ。

えっ?! 変なの〜。

つまり「1人の人」と言うときは、"一个人"になるよ。直訳すると「人1個」というわけ（笑）。

なんだか切ない。

あはは…、それじゃあ実際に中国語の数字を発音してみよう。次の表を見てね。CDを聴いて発音にもトライ！

数字

イー yī 一 一	アル èr 二 二	サン sān 三 三	スー sì 四 四	ウー wǔ 五 五	リウ liù 六 六	チー qī 七 七
バー bā 八 八	ジウ jiǔ 九 九	シー shí 十 十				

| シーアル
shíèr
十二
十二 | イーバイ
yìbǎi
一百
百 | イーチエン
yìqiān
一千
千 | サンチエンウーバイ
sānqiānwǔbǎi
三千五百
三千五百 | イーワン
yíwàn
一万
一万 |

"一百" "一千" というふうに、必ず "一" を付けるのが決まり。"百" "千" だけではだめ。

日本語では一百円とは言わないよね〜。

それに「2」は番号や順序なら "二"、物の数なら "两" になるよ。だけど「12」や「20」は、"十二" "二十" のままで変わらないからね。数を尋ねるときは "几" のほかに、もう1つの言い方があるよ。次のフレーズを見てみようね。

基本フレーズ 2

ジョーガ　ショウビアオ　ドゥオシャオ　チエン
Zhège　shǒubiǎo　duōshao　qián
这个　手表　多少　钱？
この　腕時計は　　いくら

この腕時計はいくらですか？

🐱 "多少"（ドゥオシャオ）と、さっきの"几"（ジー）との違いは何？

👨 **10個以下のときは"几"（ジー）で、数が多いときは"多少"（ドゥオシャオ）を使うよ。それに"几"（ジー）には必ず量詞が付いて、"多少"（ドゥオシャオ）には付かないんだ。**

🐱 へえ～。量詞っていくつあるの？

👨 たくさんあるよ～。ここでは代表的なものを紹介しておこうね。CDで音声もチェック！

▶▶ CD 51

量詞

	対象	例	
ガ ge 个	人やものなど	イーガレン yígerén 一个人 1人の人	リアンガピングオ liǎnggepíngguǒ 两个苹果 2個のりんご
ベイ bēi 杯	コップ入りのもの	サンベイチャー sānbēichá 三杯茶 3杯のお茶	スーベイシュイ sìbēishuǐ 四杯水 4杯の水
ジャン zhāng 张	平面のあるもの	ウージャンジー wǔzhāngzhǐ 五张纸 5枚の紙	リウジャンピアオ liùzhāngpiào 六张票 6枚の切符
シュアン shuāng 双	ペアのもの	チーシュアンクアイズ qīshuāngkuàizi 七双筷子 7膳の箸	バーシュアンシエ bāshuāngxié 八双鞋 8足の靴
ベン běn 本	本やノートなど	ジウベンザージー jiǔběnzázhì 九本杂志 9冊の雑誌	シーベンシュー shíběnshū 十本书 10冊の本
ジー zhī 支	棒状のもの	イージーチエンビー yìzhīqiānbǐ 一支铅笔 1本の鉛筆	リアンジーイエン liǎngzhīyān 两支烟 2本のたばこ

Lesson 20　🎧CD 52〜56

あなたはいつ上海に着きますか？

基本の疑問詞
"什么时候（シェンマ シーホウ）"の表現／
いつ〜？

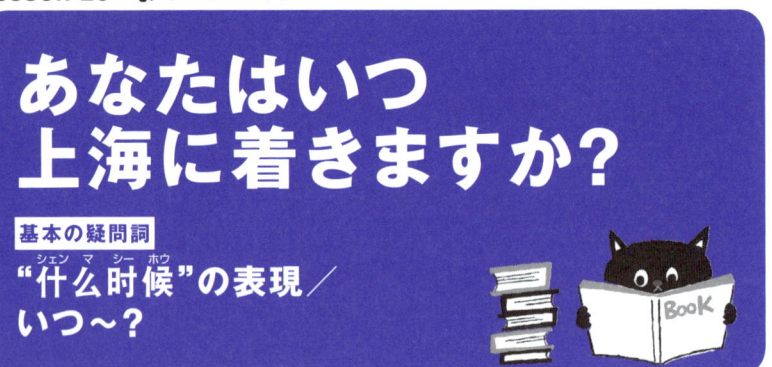

「いつ？」は"什么时候（シェンマ シーホウ）"

先生：4時間目を締めくくる最後の疑問詞は、"什么时候（シェンマ シーホウ）"。これは「いつ〜？」という意味の、時を尋ねる疑問詞だよ。

ネコ助：おっ！ いよいよ最後の疑問詞！

先生：うん。"什么（シェンマ）"は「何」、"时候（シーホウ）"は「頃」とか「時」にあたる語だよ。次のフレーズを見てみよう。

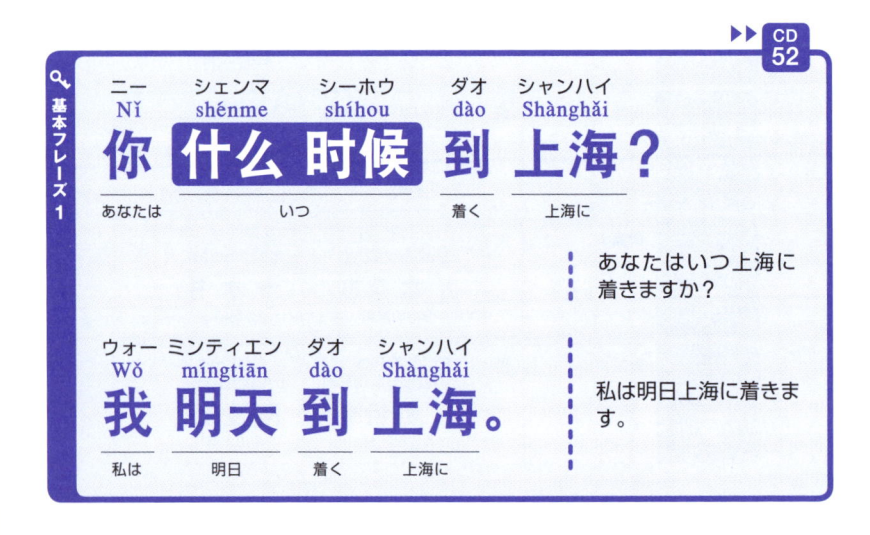

基本フレーズ 1　▶▶ CD 52

你（ニー Nǐ）　什么（シェンマ shénme）　时候（シーホウ shíhou）　到（ダオ dào）　上海（シャンハイ Shànghǎi）？
あなたは　　　いつ　　　　　　　　　　　　　　　　　　着く　　上海に

あなたはいつ上海に着きますか？

我（ウォー Wǒ）　明天（ミンティエン míngtiān）　到（ダオ dào）　上海（シャンハイ Shànghǎi）。
私は　　　明日　　　　　　　　　　　　着く　　上海に

私は明日上海に着きます。

🐱 主語と動詞の間に"什么时候(いつ)"を入れるのか〜。

👨 おっ！ いい勘してる！ 次に2つめのフレーズの"明天（明日）"の場所に注目してみてね。

🐱 "我"と"到"の間にあるみたい。

👨 そうだね。Lesson8（P.44）でも少し教えたんだけど、覚えてるかな？ 時を表す語は主語と動詞の間、もしくは先頭に付くんだよ。これはすっごく間違えやすいから注意してね。

🐱 みんな、なんで間違えちゃうんだろ？ ぼくは間違えないさ〜♪

👨 本当に？ それじゃあ試しに、英語で「私は明日上海に着きます。」と言ってみて。

🐱 え〜っと、未来形の文だから「I will arrive at Shanghai tomorrow.」かな？ 合ってる？

👨 正解。このとき、時を表す「tomorrow」は、最後に付くよね。だからみんな中国語でも"明天"を最後に付けちゃうんだよ。

🐱 たしかに注意してないと、間違えちゃうかも！

👨 でしょ？ それに、時を表す語は動詞の前だけじゃなくて、主語の前に置いてもOK。まとめると次のようになるよ。

I will arrive at Shanghai tomorrow .
　　　動詞　　　　　　　　　時

ウォー ミンティエン ダオ シャンハイ
Wǒ　míngtiān　dào　Shànghǎi
我　明天　到　上海。
　　　時　　動詞

ミンティエン ウォー ダオ シャンハイ
Míngtiān　wǒ　dào　Shànghǎi
明天　我　到　上海。
　時　　　　動詞

🐱 "明天"の位置を変えても、意味は変わらないの？

👨 うん。ただ、先頭に置くことで、時が強調されるよ。だけど意味に大きな違いはないんだ。

🐱 ふ～ん。じゃあ、とにかく動詞よりも前に置きまーす！

👨 試しに、「私は来月北京に行きます」を中国語にしてみようか。「来月」は"下个月"、「行きます」は"去"だよ。

🐱 えーっと…。「私は北京に行きます」が"我 去 北京"でしょ？ それに"下个月（来月）"を主語と動詞の間に入れてっと…、すると"我 下个月 去 北京"かな？

👨 大正解！ "明天"や"下个月"のほかにも、時を表す語はたくさんあるから、紹介するね。

時（時点）を表す単語

チューニエン qùnián **去年** 去年	ジンニエン jīnnián **今年** 今年	ミンニエン míngnián **明年** 来年
シャンガユエ shànggeyuè **上个月** 先月	ジョーガユエ zhègeyuè **这个月** 今月	シアガユエ xiàgeyuè **下个月** 来月
シャンガシンチー shànggexīngqī **上个星期** 先週	ジョーガシンチー zhègexīngqī **这个星期** 今週	シアガシンチー xiàgexīngqī **下个星期** 来週
ズオティエン zuótiān **昨天** 昨日	ジンティエン jīntiān **今天** 今日	ミンティエン míngtiān **明天** 明日

全部覚えて自慢しよっと！

時間の量は打って変わって動詞のあとに入れる

時を表す語と比較しながら覚えておいてほしいことがあるよ。それは、動作をどれだけしたかという「時間量」の表し方。

時間量？？

うん。たとえば「1時間待った」の「1時間」のことだね。次のフレーズを見てみよう。

応用フレーズ

ニー Nǐ	ドン děng	ラ le	ジー jǐ	ガ ge	シアオシー xiǎoshí ?
你	等	了	几	个	小时？
あなたは	待つ	〜した			何時間

あなたは何時間待ちましたか？

ウォー Wǒ	ドン děng	ラ le	イー yí	ガ ge	シアオシー xiǎoshí 。
我	等	了	一	个	小时。
私は	待つ	〜した			1時間

私は1時間待ちました。

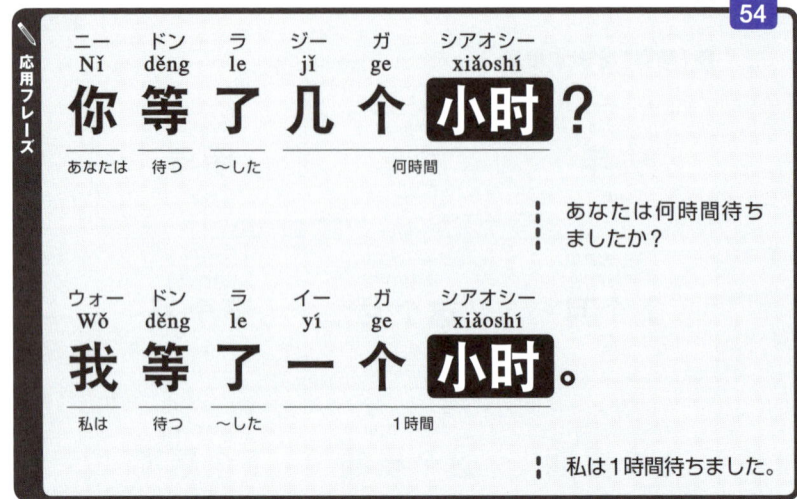

🐱 見慣れない"小时"っていうのが出てきた…。

👨 "小时"は「〜時間」を表す単位だよ。"了"については、また改めて説明するね。とりあえず、動作の完了を表すものだと理解しておいて。

🐱 "一个小时"で「1時間」かあ。今度は最後に付くんだ〜。

👨 そう。そこがポイント。"明天"とか"昨天"は動詞よりも前に置くんだけど、時間の量は動詞のあとに置くんだよ。

🐱 混乱する〜〜‼

👨 「動詞＋時間量」と覚えておこうね。時間量を示す語は、ほかにもあるよ。確認しよう。CDもしっかり聴いて発音してみてね。

時間量の例

イー ニエン yì nián **一 年** 1年間	リャン ガ ユエ liǎng ge yuè **两 个 月** 2か月間	サン ガ シンチー sān ge xīngqī **三 个 星期** 3週間
スー ティエン sì tiān **四 天** 4日間	ウー ガ シアオシー wǔ ge xiǎoshí **五 个 小时** 5時間	リウ フェン ジョン liù fēn zhōng **六 分 钟** 6分間

英語とまったく同じところもあれば、全然違うところもある。だから混同しやすいよね。でも慣れれば大丈夫。
それじゃあ、最後に入れかえフレーズに挑戦。いろんな「いつ〜しますか?」を読んでみよう!

はーい!!

入れかえフレーズ

空欄にいろいろな単語を入れてみましょう

ニー　　シェンマ　　シーホウ
Nǐ　　shénme　　shíhou
你　什么　时候　☐　?
あなたは　　いつ

バリエーション単語

チュー リーベン qù Rìběn **去 日本** 日本に行く	ライ ベイジン lái Běijīng **来 北京** 北京に来る	チューファー chūfā **出发** 出発する	ホイライ huílai **回来** 帰ってくる

復習問題 4時間目 「基本の疑問詞をマスター」のおさらいトレーニング

1. 日本語を参考に、語群の中から正しい中国語を選び、（　）に書いてみましょう。 ▶Lesson 19〜20

❶ あなたはパンを何個ほしいですか？

ニー　ヤオ　　　　　　　　　ガ　　ミエンバオ
Nǐ　yào　　　　　　　　　ge　miànbāo
你 要（　　　）个 面包？

❷ あなたは本を3冊持っています。

ニー　ヨウ　サン　　　　　　シュー
Nǐ　yǒu　sān　　　　　　shū
你 有 三（　　　）书。

❸ あなたはいつ上海に着きますか？

ニー　シェンマ　　　　　　　ダオ　シャンハイ
Nǐ　shénme　　　　　　dào　Shànghǎi
你 什么（　　　）到 上海？

❹ 私は1時間待ちました。

ウォー　ドン　ラ　イーガ
Wǒ　děng　le　yíge
我 等 了 一个（　　　）。

語群

ベン　　　シーホウ　　　シアオシー　　　ジー
běn　　　shíhou　　　xiǎoshí　　　jǐ
本 ／ 时候 ／ 小时 ／ 几

2. 日本語を参考に、中国語を正しい順序に並べかえましょう。

▶Lesson19～20

❶ 私は切符が6枚ほしいです。

▶ _____

[票 piào / 六 liù / 要 yào / 我 wǒ / 张 zhāng]

❷ この腕時計はいくらですか?

▶ _____

[钱 qián / 这个 zhège / 手表 shǒubiǎo / 多少 duōshao / ?]

❸ 私は明日上海に着きます。

▶ _____

[我 wǒ / 到 dào / 明天 míngtiān / 上海 Shànghǎi]

❹ あなたは何時間待ちましたか?

▶ _____

[了 le / 等 děng / 几 jǐ / 小时 xiǎoshí / 你 nǐ / 个 ge / ?]

復習問題 4時間目 答えと解説

1.

❶ 你 要（几）个 面包？
ニー ヤオ ジー ガ ミエンパオ
Nǐ yào jǐ ge miànbāo

解説 "几"は「いくつ」という意味の疑問詞。数が少ない（10以下くらい）ことが予想されるときに用いて、**必ず後ろに"个"のような量詞が付く**。

❷ 你 有 三（本）书。
ニー ヨウ サン ベン シュー
Nǐ yǒu sān běn shū

解説 "本"は本やノートを数えるときの量詞。量詞は物の性質によって違うので、P.117を参考に整理しておこう。

❸ 你 什么（时候）到 上海？
ニー シェンマ シーホウ ダオ シャンハイ
Nǐ shénme shíhou dào Shànghǎi

解説 "什么时候"は「いつ」という意味の疑問詞。このように**時間を表す語は動詞よりも前に置かれる**ことに注意。

❹ 我 等 了 一个（小时）。
ウォー ドン ラ イーガ シアオシー
Wǒ děng le yíge xiǎoshí

解説 「～時間」にあたる言葉が"小时"。このような**時間の量を表す言葉は「動詞 ＋ 時間量」の語順になる**。❸のパターンと混同しないよう注意。

2.

❶ 我 要 六 张 票。
ウォー ヤオ リウ ジャン ピアオ
Wǒ yào liù zhāng piào

解説 量詞は物によって使い分ける。ここでの量詞"张"は平面のあるものの数を数えるときに使い、「〜枚」にあたる。

❷ 这个 手表 多少 钱?
ジョーガ ショウビアオ ドゥオシャオ チエン
Zhège shǒubiǎo duōshao qián

解説 "多少钱"は「いくら」という意味の疑問詞。"物 + 多少钱?"のパターンを覚えておくと、買物をするときに便利。

❸ 我 明天 到 上海。
ウォー ミンティエン ダオ シャンハイ
Wǒ míngtiān dào Shànghǎi

解説 "明天（明日）"は時を表す言葉なので、**動詞"到（着く）"よりも前に置かれる**。主語"我（私）"の前に置くこともできる。

❹ 你 等 了 几 个 小时?
ニー ドン ラ ジー ガ シアオシー
Nǐ děng le jǐ ge xiǎoshí

解説 "小时"は1時間を表す単位で、量詞は"个"を用いる。この"几个 小时"は時間量なので、動詞"等（待つ）"よりも後ろになる。

4時間目のまとめ 2

数の疑問詞"几"と"多少"の使い分けをしよう！"几"は数の少ないとき、"多少"は多いときに使うよ。

休み時間 4
中国の人びとエトセトラ

贈り物も駆け引き(?)
－中国人と接する際の礼儀－

　日本人は素直なのでしょうか？　贈り物を差し出されたときに「いやあ、そんな…」と言いながら、知らず知らず手を出している…なんていうことがよくあります。

　しかし、このような場合、中国人はまず拒絶します。「あげる」「いらない」をひとしきりやり合ったあとに受け取るのです。ですから、中国人に贈り物をするときは、"不要"と言われても粘り強くすすめましょう。それならば最初から抵抗せずに受け取ればいいのに…と思うかもしれませんが、彼らにとっては断ることもひとつの儀式のようなものなのです。

　さて、そんな応酬を経てようやく受け取ってもらえたとします。それでも彼らは目の前で贈り物を開けるということはしません。私も出産祝いを差し上げたら「ありがとう、そこに置いといて」と言われ、あっけにとられたことがあります。中国人がこんな態度をとるのは、彼ら特有の欲しがっていると思われたくないという気持ちの表れなのです。贈り物を喜んでいないわけではないので、もし同じような状況になっても安心してくださいね。

5時間目

基本文型をマスター1

年月日や曜日、「それとも〜?」「〜したい」など、
日常会話でよく使う文型の学習に入っていこう!
だんだん中国語らしい表現が身についてくるのが、
実感できるんじゃないかな?

Lesson 21 🎧 CD 58〜62

1998年 10月 4日

基本の表現
年月日・曜日・時刻

曜日は数字を入れかえるだけ

先生：これから5時間目の開始！ って、おいおい…なんだか眠そうな顔してるじゃない？

ネコ助：ふわぁ〜（あくび）。ゆうべは夜ふかししちゃって。夜中の2時に寝て、7時に起きました〜。

先生：それは寝不足だぞ?!　体調管理はしっかりね。ところで今の「2時」とか、曜日の言い方を勉強しようね。まずはこのフレーズから。

▶▶ CD 58

基本フレーズ1

イージウジウバー	ニエン	シー	ユエ	スー	ハオ
yījiǔjiǔbā	nián	shí	yuè	sì	hào
一九九八	年	十	月	四	号
1998	年	10	月	4	日

1998年10月4日

ネコ助：見た目は日本語と似てる〜。

先生：うん。まとめるとこんな感じ。
●1998年は"一、九、九、八"それぞれの数
　　　　　　　イー　ジウ　ジウ　バー

130

字を読んで"年"を付ける。
- 10月は"十"に"月"を付ける。
- 4日は"四"を読んで"号"を付ける。ただし、書き言葉は"日"になる。

数字をそのまま言えばいいんだ。

そうだね。ちなみに万博のあった2010年は

アル　リン　イー　リン　ニエン
èr　líng　yī　líng　nián
二　〇　一　〇　年

となるし、"一〇年"って下2桁だけ言っても通じるよ。じゃあ、次は曜日。表を見ながらCDを聴いて発音もしてね。

▶▶ CD 59

曜日

シンチー　ティエン xīngqī　tiān **星期天** 日曜日	シンチー　イー xīngqī　yī **星期一** 月曜日	シンチー　アル xīngqī　èr **星期二** 火曜日	シンチー　サン xīngqī　sān **星期三** 水曜日
シンチー　スー xīngqī　sì **星期四** 木曜日	シンチー　ウー xīngqī　wǔ **星期五** 金曜日	シンチー　リウ xīngqī　liù **星期六** 土曜日	

曜日は数字を使うの?!

そう。日曜日は"星期日"でもOKだよ! **日曜日以外は数字を入れかえるだけ**。乗り物の運行日も、数字で表されるから、覚えておくといいよ。

次は時刻の表現。まず、時間帯の表現を覚えておこうね。こんな感じだよ。

CD 60

1日の時間帯

シャンウー shàngwǔ	ジョンウー zhōngwǔ	シアウー xiàwǔ
上午	中午	下午
午前	正午	午後

ザオシャン zǎoshang	バイティエン báitiān	ワンシャン wǎnshang
早上	白天	晚上
朝	昼	夜

この表を覚えたら時刻表現の準備完了！ 次のフレーズをチェックしよう。CDも一緒にね。

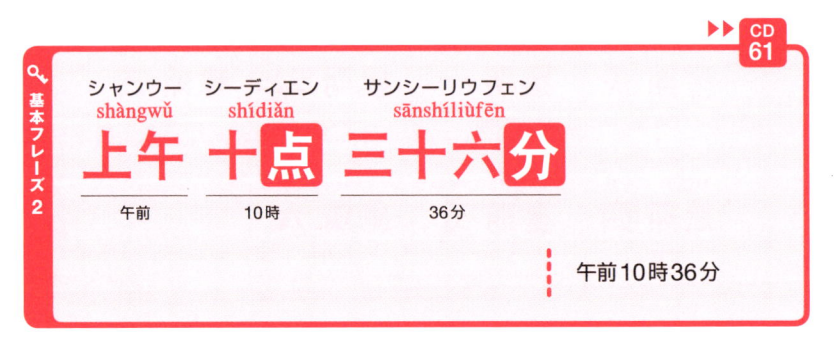

CD 61

基本フレーズ2

シャンウー shàngwǔ	シーディエン shídiǎn	サンシーリウフェン sānshíliùfēn
上午	十点	三十六分
午前	10時	36分

午前10時36分

"分"は日本語と同じだー。

「30分」は"半"という言い方もあるよ。じゃあ「午後2時50分」は何て言うと思う？

えっと、午後は"下午"でしょ？ 2時は"二"

点"で、50分は"五十分"。だから"下午 二点 五十分。"これは正解でしょう?!

初心者が必ず間違える解答をよくぞ言ってくれた(笑)。実は**"二点"じゃなくて"両点"**になるんだ。だから「午後2時50分」は"下午 両点 五十分。"になるよ。

え〜! いじわるな質問だよー!!

ごめん、ごめん(笑)。あと注意したいのが、文章の中に時刻や曜日を入れたいとき。こんなふうになるよ。

▶▶ CD 61

Wǒmen	shídiǎn	chī	wǎnfàn
我们	十点	吃	晚饭。
私たちは	10時に	食べる	晩ご飯を

私たちは10時に晩ご飯を食べます。

Nǐ	xīngqīsì	qù	nǎr
你	星期四	去	哪儿?
あなたは	木曜日に	行く	どこに

あなたは木曜日にどこに行きますか?

前に習った"**明天**(明日)"なんかと同じで、**時刻も曜日も動詞の前に入れる**からね。

これも最後に"十点"って言っちゃいそう。気をつけなきゃ。

そして「今日は〇月×日です」「今は〇時×分です」はこうなるよ。

🐱 どうなるんだろ？（ドキドキ）

▶▶ CD 61

ジンティエン	チーユエ	ジウハオ	シンチーティエン	
Jīntiān	qīyuè	jiǔhào	xīngqītiān	
今天	七月	九号	星期天。	今日は7月9日 日曜日です。
今日は	7月	9日	日曜日	

シエンザイ	シアウー	チーディエン	アルシーウーフェン	
Xiànzài	xiàwǔ	qīdiǎn	èrshíwǔfēn	
现在	下午	七点	二十五分。	今は午後7時25分です。
今は	午後	7時	25分	

🐱 ん？"今天"と"现在"を前に付けただけ？

👨 そうなんだ。
最初はみんな、"今天 是 七月九号 星期天"とか、"现在 是 下午 七点 二十五分"なんて感じで、"是"を付けたがるんだけど、**不要**だからね。

🐱 はーい！ 気をつけます。

日時を尋ねるときは"几"を使おう

👨 次は疑問文。Lesson19（P.114）で教えた、数を尋ねるときと同じで、"几"を使うよ。"几"は「幾」の簡体字だったよね。

🐱 うっすら覚えてます…。それで、どんな文章になるの？

👨 こんな感じ。

ジンティエン ジーユエ ジーハオ
Jīntiān jǐyuè jǐhào
今天 几月 几号？ ｜ 今日は何月何日ですか？
今日は　何月　何日

ジンティエン シンチージー
Jīntiān xīngqījǐ
今天 星期几？ ｜ 今日は何曜日ですか？
今日は　何曜日

シエンザイ ジーディエン
Xiànzài jǐdiǎn
现在 几点？ ｜ 今は何時ですか？
今は　何時

わからないところに"几"を入れるよ。単純で覚えやすいよね。**日にちや時刻を質問するときは、"多少"じゃなくて"几"を使う**よ。量を聞いているわけではないからね。

はいっ！ 眠気もすっきり覚めました。それでは、入れかえフレーズにトライしま〜す！

入れかえフレーズ
空欄にいろいろな単語を入れてみましょう

ジンティエン
Jīntiān
今天 ［　　　］。
今日は

バリエーション単語

バーハオ	サンシーハオ	シンチーティエン	シンチーウー
bā hào	sān shí hào	xīngqī tiān	xīngqī wǔ
八号	**三十号**	**星期 天**	**星期 五**
8日	30日	日曜日	金曜日

Lesson 22　CD 63～65

私はあなたに中国語を教えます。

基本の表現
目的語が2つある表現／
私は○○に～します

「AにBを～する」の表現

先生：私はネコ助くんに中国語を教えているよね？

ネコ助：はい。感謝感激でございます。

先生：いやいや、お礼を言われたいわけじゃないよ（笑）。「ネコ助くんに　中国語を　教えます。」というように、目的語が2つある場合の説明をしたいんだよ。

ネコ助：そうだったんだ。それじゃあ、お願いします（礼）。

先生：まずは語順に注意しながら、次のフレーズを見てみよう。CDを聴いて発音もしてみて。

基本フレーズ1　CD 63

ウォー	ジアオ	ニー	ハンユー
Wǒ	jiāo	nǐ	Hànyǔ
我	教	你	汉语。
私は	教える	あなたに	中国語を

私はあなたに中国語を教えます。

> このフレーズは英語では「I teach you Chinese.」っていうよね。よく見てみて。語順が同じでしょ？

> 本当だ〜。

> つまり「**動詞＋A（人に）＋B（物を）**」の順になるよ。
> それじゃあ「私はあなたに電話番号を教えます。」はどうなると思う？「電話番号」は"电话号码（ディエンホアハオマー）"だよ。

> えっと、さっきのフレーズを見ながら考えると…"我 教 你 电话号码。（ウォー ジアオ ニー ディエンホアハオマー）"かな？

> 正解はこんなフレーズになるんだ。

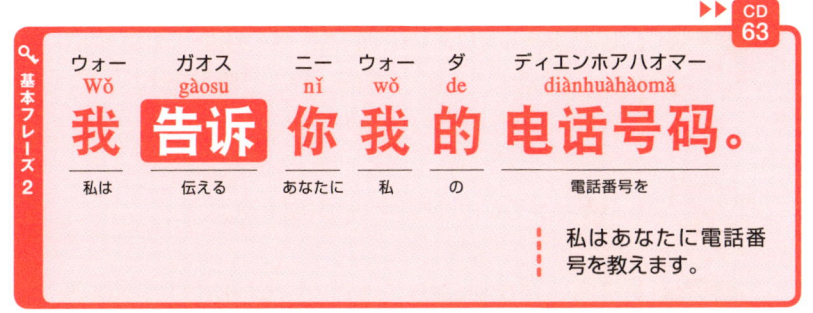

基本フレーズ2 ▶▶ CD 63

ウォー	ガオス	ニー	ウォー	ダ	ディエンホアハオマー
Wǒ	gàosu	nǐ	wǒ	de	diànhuàhàomǎ
我	告诉	你	我	的	电话号码。
私は	伝える	あなたに	私	の	電話番号を

私はあなたに電話番号を教えます。

> "告诉（ガオス）"？ なんか告訴するみたいで物騒な感じ（笑）。

> "告诉（ガオス）"には「伝える」「告げる」の意味しかないから大丈夫。だから"告诉 我！（ガオス ウォー）"なんて言ったら「私を告訴して！」じゃなくて、「私に教えて！」ってなるんだよ。

へえ～！　おもしろーい。

でしょ？　それに「動詞＋A(人に)＋B(物を)」っていう順番にもなってるよね。

動詞が"告诉(ガオス)(伝える)"で、Aが"你(ニー)(あなた)"で、Bが"我 的 电话号码(ウォー ダ ディエンホア ハオマー)(私の電話番号)"ってことかあ。

そういうこと。じゃあ、次はこんなフレーズ。

▶▶ CD 63

応用フレーズ1

チン Qǐng	ニー nǐ	ゲイ gěi	ウォー wǒ	ヤオシ yàoshi
请	你	给	我	钥匙。
どうぞ	あなた	くれる	私に	鍵を

私に鍵をください。

これはもとの文の"你 给 我 钥匙(ニー ゲイ ウォー ヤオシ)(あなたは私に鍵をくれる)"の先頭に"请(チン)"を付けて、お願いの表現にしてるんだよ。

"给(ゲイ)"っていう動詞を使うのか～。

そう。この動詞の"给(ゲイ)"は、自分に対して使うと「くれる」、相手に対して使うと「あげる」っていう意味になるんだ。

ふーん。両方の意味をもってるんだ。

うん。お得な動詞でしょ。ほかにも覚えておきたい「AにBを～する」のフレーズをいくつか紹介しよう。

ウォー	ジエ	ター	チエン	
Wǒ	jiè	tā	qián	
我	借	他	钱。	私は彼にお金を借ります。
私は	借りる	彼に	金を	

ウォー	イエー	ウェン	ニー	イーガ	ウェンティー	
Wǒ	yě	wèn	nǐ	yíge	wèntí	
我	也	问	你	一个	问题。	私もあなたに1つ質問します。
私	も	聞く	あなたに	1個	問題を	

ターメン	ドウ	ソン	ウォー	リーウー	
Tāmen	dōu	sòng	wǒ	lǐwù	
他们	都	送	我	礼物。	彼らはみな私にプレゼントをくれます。
彼らは	みな	贈る	私に	プレゼントを	

🐱 1つめのフレーズは、あんまり使うことがないようにしないと（笑）。

👦 そうだね。じゃあ、2つめのフレーズの主語と動詞の間には何が入ってるかな？

🐱 えーっと、"也"？　これは何？

👦 "也" は「〜も」っていう意味。じゃあ、3つめのフレーズの主語と動詞の間には何が入ってる？

🐱 今度は"都"が入ってる！

👦 うん。"都" は「みな、どれも」という意味だよ。どちらも動詞の前に置かれるのがポイント。

🐱 ニャるほど！　これで、ちょっとひねりのある表現ができるかも♪

> ちなみに"都〔ドゥ〕"は「みな」「どれも」という意味だから、前にある語が複数じゃなきゃいけないよ。

> このフレーズは、"他们〔ターメン〕（彼ら）"だから使えるんだ〜。

> そういうこと。"也〔イェー〕"も"都〔ドゥ〕"も、後ろの述語を修飾すると思えばいいんだ。

> はーい！

> それじゃあ、入れかえフレーズでおさらい。まずは「私はAにBを教えます」のフレーズから。

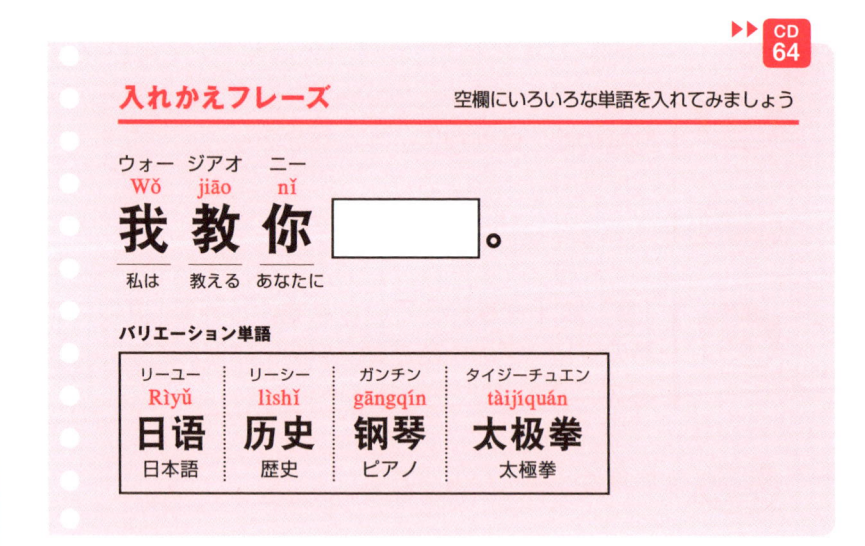

▶▶ CD 64

入れかえフレーズ

空欄にいろいろな単語を入れてみましょう

ウォー　ジアオ　ニー
Wǒ　jiāo　nǐ
我　教　你　[　　　]。
私は　教える　あなたに

バリエーション単語

リーユー	リーシー	ガンチン	タイジーチュエン
Rìyǔ	lìshǐ	gāngqín	tàijíquán
日语	历史	钢琴	太极拳
日本語	歴史	ピアノ	太極拳

> 発音してみてどうかな？

> いい調子です!!

じゃあ、次の入れかえフレーズは、「AにBをください。」の練習。

え～っと、「AにBをください。」ってことは…、"请"を使うのかな？

そうそう!! 「くれる」の動詞は"给"を使うんだったよね。次の入れかえフレーズのバリエーション単語を見てみて。

カードキー、メニュー、レシート、小銭なんて、どれも旅行するときによく使いそう！ フレーズまるごと覚えちゃおうっと。

それがいいね。CDをよーく聴いて発音しようね。

入れかえフレーズ

空欄にいろいろな単語を入れてみましょう

チン	ニー	ゲイ	ウォー	
Qǐng	nǐ	gěi	wǒ	
请	你	给	我	____ 。
どうぞ	あなた	くれる	私に	

バリエーション単語

カーピエンヤオシ	ツァイダン	ファーピアオ	リンチエン
kǎpiànyàoshi	càidān	fāpiào	língqián
卡片钥匙	菜单	发票	零钱
カードキー	メニュー	レシート	小銭

Lesson 23　CD 66〜67

彼が来ますか？ それともあなたが来ますか？

基本の表現
二者択一の表現／Aですか？ それともBですか？

"还是"は英語の「or」と同じ役割

先生：今回は二者択一を求める疑問文の紹介だよ。

ネコ助：二者択一を求める疑問文？？

先生：英語の「A or B」のことだね。「or」は"还是"っていうよ。次のフレーズを見てみよう。

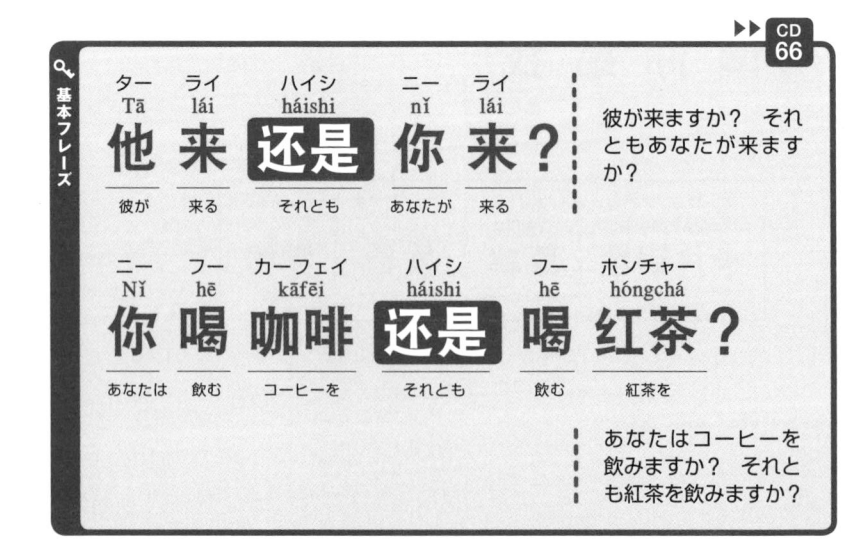

基本フレーズ　CD 66

他	来	还是	你	来？
Tā	lái	háishi	nǐ	lái
ター	ライ	ハイシ	ニー	ライ
彼が	来る	それとも	あなたが	来る

彼が来ますか？ それともあなたが来ますか？

你	喝	咖啡	还是	喝	红茶？
Nǐ	hē	kāfēi	háishi	hē	hóngchá
ニー	フー	カーフェイ	ハイシ	フー	ホンチャー
あなたは	飲む	コーヒーを	それとも	飲む	紅茶を

あなたはコーヒーを飲みますか？ それとも紅茶を飲みますか？

👨 前半と後半のかたまりを"还是（ハイ シ）"でつなげているのがわかる？

🐱 うんうん。

👨 注意したいのが、この"还是（ハイ シ）"を使った疑問文は、おなじみの**"吗（マ）"は付けない**ってこと。

🐱 本当だ！ うっかり付けちゃいそう。

👨 でしょ？ ここでもう一度、フレーズをじっくり見てほしいんだ。1つめは前半のかたまりが"他来（ターライ）（彼が来る）"で、後半のかたまりが"你来（ニーライ）（あなたが来る）"だよね。つまり主語の部分が違っているんだよ。だからこの疑問文は何を尋ねていると思う？

🐱 えーっと、来る人が「彼」なのか「あなた」なのかを聞いてる。

👨 そうだね。じゃあ、2つめのフレーズは？

🐱 ん〜っと、あなたが飲むのは「コーヒー」なのか「紅茶」なのかを質問してるみたい。

👨 そう。この場合は前後の主語がどちらも"你（ニー）（あなた）"だよね。こういう場合は、**後ろの主語を省略できる**んだよ。

🐱 あ〜、たしかに後半のかたまりに"你（ニー）"がない！

5時間目 基本文型をマスター1

6時間目 基本文型をマスター2

7時間目 基本文型をマスター3

143

だから「あなたはギョウザを食べますか？　それともシュウマイを食べますか？」っていう文なら　"你 吃 饺子 还是 吃 烧卖？"となるよ。

ニャるほど〜。後半のかたまりは"吃 烧卖"だけだ。

そういうこと。じゃあ、次の例文を見てみて。特に後半の文に注目だよ。

▶▶ CD 66

ニー	シー	リーベンレン	ハイシ	ジョングオレン	
Nǐ	shì	Rìběnrén	háishi	Zhōngguórén	あなたは日本人ですか、それとも中国人ですか？
你	是	日本人	还是	中国人？	
あなたは	〜です	日本人	それとも	中国人	

あれ？"还是"の後ろが名詞だけになっちゃった。

そう。普通は動詞をくり返すから"还是 是 中国人"ってなるんだけど、"是 是"ってダブッてしまうから、**後ろの"是"は省略する**んだよ。

たしかに"还是 是 中国人"なんておかし〜い（笑）。

"或者"は不確実な状況で使おう

じゃあ、プラスアルファでこんなフレーズを紹介しておこうね。

応用フレーズ

ミンティエン	フオジョー	ホウティエン	チュー	ゴンユエン
Míngtiān	huòzhě	hòutiān	qù	gōngyuán
明天	**或者**	后天	去	公园。
明日	または	あさって	行く	公園に

▶▶ CD 66

明日かあさって、公園に行きます。

🧑‍🦱 このフレーズは「**Aまたは（あるいは）B**」という表現で、「どちらでもいい」ってことだよ。

🐱 ふーん。じゃあ、この場合は「明日」と「あさって」がAとBになるんだね。

🧑‍🦱 そう。"或者（フオジョー）"の前後は、話している時点ではどちらになるか不確定なんだ。
じゃあ、最後に入れかえフレーズで"还是（ハイシ）"の表現をしてみよう。

入れかえフレーズ

▶▶ CD 67

空欄にいろいろな単語を入れてみましょう

ニー	チー	ミエンティアオ	ハイシ	チー	
Nǐ	chī	miàntiáo	háishi	chī	
你	吃	面条	还是	吃	？
あなたは	食べる	麺を	それとも	食べる	

バリエーション単語

ミーファン	パオズ	ディエンシン	シュイグオ
mǐfàn	bāozi	diǎnxin	shuǐguǒ
米饭	包子	点心	水果
ご飯	パオズ	おやつ	くだもの

Lesson 24 🎧 CD 68〜70

私は7時から8時までテレビを見ます。

基本の表現
介詞の表現／
〜から、〜まで、〜と、〜に

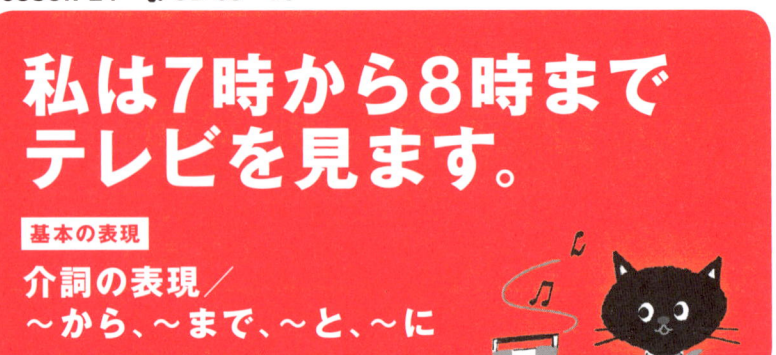

"从"と"到"は「from」と「to」の関係

先生: よーっし。どんどん進めるぞー。じゃあ、さっそくこのフレーズから。CDもちゃんと聴いて！

基本フレーズ1 ▶▶ CD 68

我	从	七点	到	八点	看	电视。
ウォー	ツォン	チーディエン	ダオ	バーディエン	カン	ディエンシー
Wǒ	cóng	qīdiǎn	dào	bādiǎn	kàn	diànshì
私は	〜から	7時	〜まで	8時	見る	テレビを

私は7時から8時までテレビを見ます。

先生: 「〜から〜まで」の表現だね。「〜から」が"从"、「〜まで」が"到"になるんだ。

ネコ助: "从 七点 到 八点"で「7時から8時まで」になるのかー。

先生: うん。"从"が「from」、"到"が「to」の役割をしているよ。こういう**英語の前置詞みたいな語を、中国語では介詞と呼ぶ**んだ。

🐱 介詞…。前に聞いたことがあるような、ないような。

👨 おっ！ 少しは覚えてる？ Lesson13（P.77）で勉強した"**在（ゼ）（〜で）**"も**介詞**だったね。介詞は必ず動詞の前に置くよ。次の例を見てみよう。今度の"**从（ツォン）〜到（ダオ）〜**"は、時間じゃなくて場所になってるからね。

▶▶ CD 68

ター	ツォン	ジョングオ	ライ	
Tā	cóng	Zhōngguó	lái	彼は中国から来ます。
他	从	中国	来。	
彼は	〜から	中国	来る	

ダオ	ウォー	ジア	ライ	バ	
Dào	wǒ	jiā	lái	ba	私の家にお越しください。
到	我	家	来	吧。	
〜まで	私の	家	来る	〜しましょう	

ツォン	ウォー	ジア	ダオ	ゴンスー	ヤオ	イーガシアオシー	
Cóng	wǒ	jiā	dào	gōngsī	yào	yígexiǎoshí	私の家から会社まで1時間かかります。
从	我	家	到	公司	要	一个小时。	
〜から	私の	家	〜まで	会社	要る	1時間	

👨 ね、やはり"**从（ツォン）**"と"**到（ダオ）**"は、動詞より前に置かれてるよね。

🐱 うんうん!!

"跟（ゲン）"は「with」の意味

👨 使える介詞は、ほかにもあるから紹介しよう。次は「〜と」の意味をもつ"**跟（ゲン）**"を使ったフレーズだよ。

基本フレーズ2

CD 68

ウォー	ゲン	シュエションメン	タン	ホア
Wǒ	gēn	xuéshengmen	tán	huà
我	跟	学生们	谈	话。
私は	～と	生徒たち	話す	話

私は生徒たちと話をします。

ウォー	ゲン	ニー	イーチー	チーファン	ゼンマヤン
Wǒ	gēn	nǐ	yìqǐ	chīfàn	zěnmeyàng
我	跟	你	一起	吃饭,	怎么样？
私は	～と	あなた	一緒に	食事をする	どうか

一緒にお食事でもいかがですか？

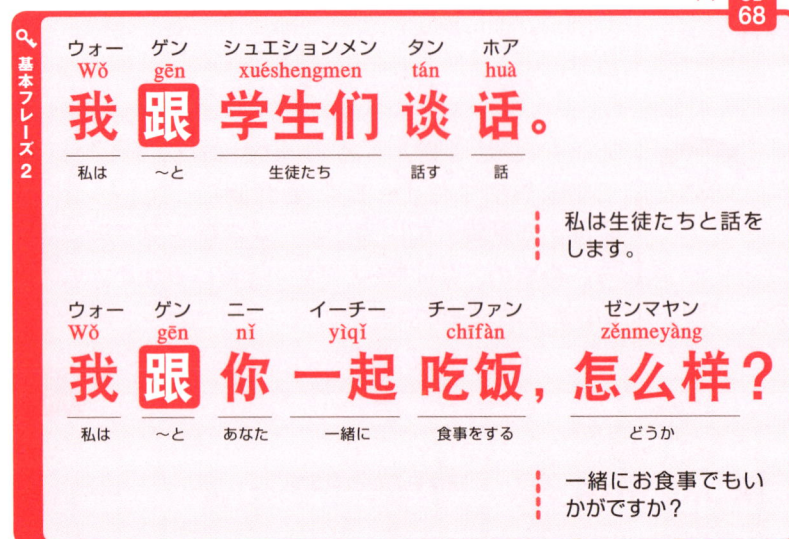

どう？ 一緒に行動する場合の「～と」、つまり「with」の役割に近いよね。じゃあ、これはどんな訳になるかな？
"我 跟 你 一起 去 卡拉OK。"
（ウォー ゲン ニー イーチー チュー カーラー オーケー）

ん？ このOKが入った単語は何だ？

これは「カラオケ」っていう意味。日本語の発音が、そのまま当て字で使われているよ。

アルファベットが入るなんておもしろーい！ 発音もそのまんま（笑）。え〜っと、訳すと…"跟"（ゲン）が入ってるから「私とあなた」になって、"一起"（イーチー）は「一緒」の意味だよね。"去"（チュー）は「行く」の意味だから…、「私はあなたと一緒にカラオケに行きます。」になるのかな？

正解！ よくできたね。

"给"は「for」の意味

じゃあ、次はこんな介詞を紹介しよう。「〜に」にあたる"给"だよ。フレーズを見てみよう。CDもチェックしてね。

基本フレーズ 3

ウォー Wǒ	ゲイ gěi	ニー nǐ	ダー dǎ	ディエンホア diànhuà
我	给	你	打	电话。
私は	〜に	あなた	する	電話を

私はあなたに電話をします。

CD 68

"给"は「給」の簡体字で、動作や行為を受ける人の前に置くよ。

なんだか「for you」の「for」に似てるー。

そうだね。「〜に向かって」っていう印象を受けない？ だから"给"は電話とか手紙の、通信や伝達のときによく使われるよ。

ふ〜ん。でも"给"は動詞でも出てこなかった？

そうそう！ "给"はLesson22（P.138）で紹介したように「あげる」「くれる」っていう動詞にもなるから、注意が必要なんだ。文のどこに置かれているかをちゃんと確認しようね。

は〜い!!

"对"はそのまま「対して」の意味になる

🐱 いろんな介詞を覚えたな〜。もう終わり？

👨 いやいや、もう1つ覚えてもらいたい介詞があるよ。

🐱 えっ！ まだあるの？ もう頭パンク状態です（泣）。

👨 まあまあそう言わずに。紹介する最後の介詞は"对"。これは「対」の簡体字だよ。フレーズを見てみよう。

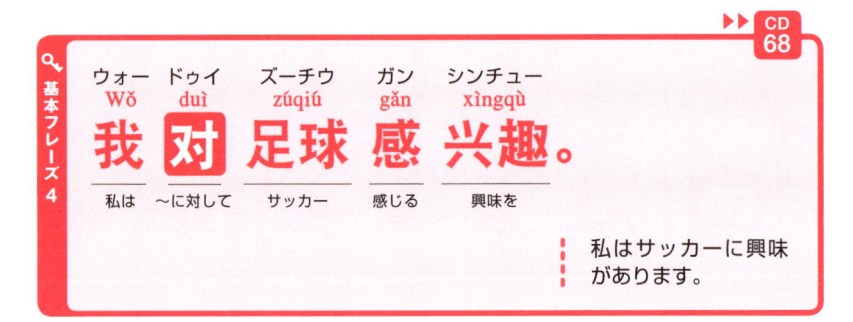

基本フレーズ 4　CD 68

ウォー	ドゥイ	ズーチウ	ガン	シンチュー
Wǒ	duì	zúqiú	gǎn	xìngqù
我	对	足球	感	兴趣。
私は	〜に対して	サッカー	感じる	興味を

私はサッカーに興味があります。

👨 "对 足球"は、直訳すると「サッカーに対して」ってなるよ。

🐱 サッカーって"足球"って書くんだ。

👨 そう。覚えやすいでしょ？ それに「Aに興味がある」の"对A 感 兴趣"は、そのまま覚えておくと便利だよ。それじゃあ、最後に介詞を厳選して入れかえフレーズにチャレンジしよう。まずは"跟"のフレーズから。

入れかえフレーズ

CD 69

空欄にいろいろな単語を入れてみましょう

ウォー	ゲン		イーチー	ズオ	ツァイ
Wǒ	gēn		yìqǐ	zuò	cài
我	跟	☐	一起	做	菜。
私は	～と		一緒に	する	料理を

バリエーション単語

マーマ	ジエジエ	メイメイ	ポンヨウ
māma	jiějie	mèimei	péngyou
妈妈	姐姐	妹妹	朋友
母	姉	妹	友人

うまく発音できたかな？ それじゃあ、次は"给"の入れかえフレーズ。仕事でよく使うフレーズばっかりだよ！

そのまま覚えちゃおうっと！

入れかえフレーズ

CD 70

空欄にいろいろな単語を入れてみましょう

ウォー	ゲイ	ニー	
Wǒ	gěi	nǐ	
我	给	你	☐。
私は	～に	あなた	

バリエーション単語

ダー ディエンホア	シエ シン	ファーチュアンジェン	ファー ヨウジェン
dǎ diànhuà	xiě xìn	fā chuánzhēn	fā yóujiàn
打电话	写信	发传真	发邮件
電話をする	手紙を書く	ファックスを送る	メールを送る

5時間目 基本文型をマスター1
6時間目 基本文型をマスター2
7時間目 基本文型をマスター3

Lesson 25 🎧 CD 71〜72

私はカラオケに行きたいです。

基本の表現
願望の表現／〜したいです

「したい」思いは"想"で表す！

先生：少し勉強すると、今度は自分のしたいことや、希望を伝えたくなるよね。

ネコ助：あ〜、そうですね！

先生：「〜したい」と言いたいときは、"想"（シアン）を使うよ。"想"（シアン）はもともと「思う」っていう意味。それじゃあ、フレーズをチェックしよう。

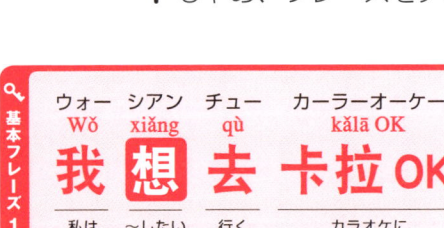

基本フレーズ1 ▶▶ CD 71

ウォー	シアン	チュー	カーラーオーケー
Wǒ	xiǎng	qù	kǎlā OK
我	想	去	卡拉OK。
私は	〜したい	行く	カラオケに

私はカラオケに行きたいです。

ネコ助：動詞の前に"想"（シアン）を入れるのかな？

先生：そのとおり！"想"（シアン）＋動詞で「〜したい」ってなるんだ。

ネコ助：ふむふむ。

この"想"には動詞を助ける働きがある。つまり助動詞のことだね。**助動詞の位置は、いつも動詞の前**。覚えてね。じゃあ、次のフレーズもチェックしてみよう。

> 基本フレーズ2　CD 71
>
> ウォー　ブーシアン　チュー
> Wǒ　bùxiǎng　qù
> 我　不想　去。
> 私は　〜したくない　行く
>
> 私は行きたくありません。

あっ、否定形になった。

助動詞のある文は、**助動詞に"不"を加えて否定形**にするよ。だからこの場合は"不想"なんだよ。

"我想不去。"は間違いなんだー。

そういうこと。それに「とても〜したい」のように、願望を強調するときは"她非常想去中国。（彼女はとても中国に行きたがっています。）"となるよ。

"非常（非常に）"を入れて強調するのか〜。

そのとおり。

"要"は「must」に近い使い方

"想"のほかにも助動詞はあるよ。もう1つ紹介しようね。

基本フレーズ3

ウォー　ヤオ　シー　イーフ
Wǒ　yào　xǐ　yīfu
我　要　洗　衣服。
私は　〜しなければならない　洗う　服を

私は服を洗わなければなりません。

CD 71

> おっ！ 今度は"要"が出てきたぞ？

> "要＋動詞"で「〜しなければいけない」の意味。"要"は義務を表す助動詞なんだ。英語の「must」に近いかも。
> じゃあ"要"を否定した"我 不要 洗 衣服。"はどう訳すと思う？

> そりゃ「私は服を洗わなければなりません。」の否定形だから、「私は服を洗わなくてもいいです。」でしょ？

> そう思うよね。実は不正解。次の例文を見てみよう。

CD 71

ニー　ブーヤオ　シー　イーフ
Nǐ　búyào　xǐ　yīfu
你　不要　洗　衣服。
あなたは　〜してはいけない　洗う　服を

あなたは服を洗ってはいけません。

ニー　ブーヨン　シー　イーフ
Nǐ　búyòng　xǐ　yīfu
你　不用　洗　衣服。
あなたは　〜しなくてもいい　洗う　服を

あなたは服を洗わなくてもいいです。

> ほえ〜。"不要 洗"で「洗ってはいけません」になっちゃうの？!

そう。禁止の表現になっちゃうんだ。「～しなくていい」と言う場合は"不用〜"を使うよ。これは間違える人が多いから注意してほしいな。

はいっ！

"要"はもう1つ、気をつけてほしいことがあるよ。"我要洗衣服。"これはさっき紹介した「私は服を洗わなければいけない。」のほかに「私は服を洗いたい。」の意味もあるんだ。

（無言）

混乱しちゃった？ つまり"要"には「～しなければいけない」という義務の意味と、「～したい」という願望の意味があるんだよ。これは前後の状況から適宜に判断しなければいけないね。それじゃあ、最後に入れかえフレーズ。いろんな助動詞を入れてみよう。

入れかえフレーズ

空欄にいろいろな単語を入れてみましょう

ウォー　　　　　　　　　　フー　　ピージウ
Wǒ　　　　　　　　　　　 hē　　píjiǔ

我 [　　] 喝 啤酒。

私は　　　　　　　　　　飲む　ビールを

バリエーション単語

シアン	ブーシアン	ヤオ	ブーヤオ
xiǎng	bùxiǎng	yào	búyào
想	不想	要	不要
～したい	～したくない	～しなければならない	～してはいけない

復習問題 5時間目 「基本文型をマスター1」のおさらいトレーニング

1. 日本語を参考に、語群の中から正しい中国語を選び、（　）に書いてみましょう。

▶Lesson 21～25

❶ 今は何時ですか？

シエンザイ　　　　　　　ディエン
Xiànzài　　　　　　　　diǎn
现在（　　　）点？

❷ 私に鍵をください。

チン　ニー　　　　　　ウォー　ヤオシ
Qǐng　nǐ　　　　　　　wǒ　yàoshi
请 你（　　　）我 钥匙。

❸ 彼は中国から来ます。

ター　　　ジョングオ　ライ
Tā　　　 Zhōngguó　lái
他（　　　）中国 来。

❹ 私はカラオケに行きたいです。

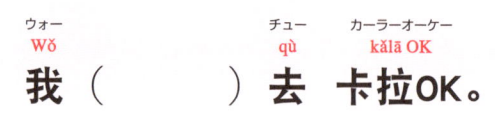

ウォー　　　　　チュー　カーラーオーケー
Wǒ　　　　　　qù　　kǎlā OK
我（　　　）去 卡拉OK。

| 語群 | ゲイ
gěi
给 | シアン
zxiǎng
想 | ツォ
cóng
从 | ジー
jǐ
几 |

2. 次の中国語を、日本語に訳してみましょう。

▶Lesson 21〜25

❶ 今天 七 月 九 号 星期 天。
　ジンティエン チー ユエ ジウ ハオ シンチー ティエン
　Jīntiān qī yuè jiǔ hào xīngqī tiān

（　　　　　　　　　　　　　　　　　　）

❷ 我 告诉 你 我 的 电话号码。
　ウォー ガオス ニー ウォー ダ ディエンホアハオマー
　Wǒ gàosu nǐ wǒ de diànhuàhàomǎ

（　　　　　　　　　　　　　　　　　　）

❸ 你 喝 咖啡 还是 喝 红茶？
　ニー フー カーフェイ ハイシ フー ホンチャー
　Nǐ hē kāfēi háishi hē hóngchá

（　　　　　　　　　　　　　　　　　　）

❹ 我 给 你 打 电话。
　ウォー ゲイ ニー ダー ディエンホア
　Wǒ gěi nǐ dǎ diànhuà

（　　　　　　　　　　　　　　　　　　）

❺ 你 不 用 洗 衣服。
　ニー ブー ヨン シー イーフ
　Nǐ bú yòng xǐ yīfu

（　　　　　　　　　　　　　　　　　　）

5時間目 復習問題 答えと解説

1.

❶ 現在（几）点？
　Xiànzài jǐ diǎn
　シエンザイ ジー ディエン

解説 時刻を尋ねるときは、**わからない数字の部分に"几"を入れて、最後に「?」を付ける。**

❷ 请 你（给）我 钥匙。
　Qǐng nǐ gěi wǒ yàoshi
　チン ニー ゲイ ウォー ヤオシ

解説 "给"は「あげる・くれる」という意味の動詞。"我（私に）"と"钥匙（鍵を）"が目的語になる。

❸ 他（从）中国 来。
　Tā cóng Zhōngguó lái
　ター ツォン ジョングオ ライ

解説 "从"は「～から」という起点を表す介詞。このように介詞を含んだ部分は、動詞よりも前に置かれるので、"来（来る）"の前に"从中国（中国から）"が入る。

❹ 我（想）去 卡拉OK。
　Wǒ xiǎng qù kǎlāOK
　ウォー シアン チュー カーラーオーケー

解説 「"想"＋動詞」で「～したい」となる。"想"のような助動詞は動詞の前に置かれ、否定の場合は"不想～"となる。

2.

❶ 今日は7月9日 日曜日です。

解説　曜日は"星期〜"で表す。月曜日から土曜日までは数字、日曜日は"天"となる。

❷ あなたに私の電話番号を教えます。

解説　"告诉"は「伝える」の意味。目的語は「(誰)に」「(何)を」の順になる。

**❸ あなたはコーヒーを飲みますか?
　それとも紅茶を飲みますか?**

解説　二者択一を求める疑問文。「A "还是" B?」の形でどちらを選択するか尋ねる。この場合、文末の"吗?"は不要。

❹ 私はあなたに電話をします。

解説　"给"は「〜に」にあたる語で、動作の相手や対象を表し、ここでは"给 你（あなたに）"となる。手紙や電話などの通信や伝達のときによく使われる。

❺ あなたは服を洗わなくてもいいです。

解説　"不用"で「〜しなくていい」の意味。これを"不要"とすると「〜してはいけない」という禁止になる。

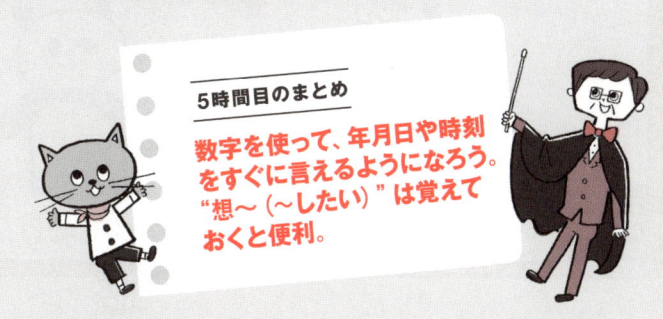

5時間目のまとめ

数字を使って、年月日や時刻をすぐに言えるようになろう。
"想〜（〜したい）"は覚えておくと便利。

休み時間 5　中国の人びとエトセトラ

中国人は友だちを奪い合う（？）
－中国人との仕事付き合い－

　中国社会は「会社 対 会社」より「個人 対 個人」を重んじます。豊富な人脈は生きていくための大切な武器で、たとえ転職しても新たな職場にそのまま持って行きます。

　そのため、仕事上の付き合いでは人間関係の構築が重要になってきます。所属する団体より、上司など個人に対する忠誠心が高いといえるでしょう。

　ただし、特定の上司などとあからさまに親しくなりすぎると仲間から妬まれることもあります。中国人は人脈を財産にするくらいですから、嫉妬心も相当強いのです。人前では節度を守った付き合いが必要になるでしょう。

　また日本人と比べると、仕事とプライベートの境目があいまいなところがあります。私も取引関係の人から個人的に相談されたことがありました。付き合ううえで無理なことなら「できない」とはっきり言って線引きすることも大切です。

6時間目

基本文型をマスター2

「～できる」「～した」「～している」など、
動詞プラスアルファの表現の勉強に進もう!
どれも動詞そのものの形が変わらないことが特徴だよ。
これで表現の幅がぐっと広がること間違いなし!

Lesson 26 🎧 CD 74〜75

わかりました。

基本の表現

理解の表現／
わかります、わかりません

"明白了。"と"知道了。"の違い

先生：よ〜っし！ これから6時間目。終盤にさしかかってきたね。これまでの授業はどう？ 理解できてる？ わからないときは、遠慮せずに「わからない」って言ってね。

ネコ助：あっ！ その「わからない」がわかりません！

先生：なるほど（笑）。それじゃあ、さっそくフレーズを紹介しよう。CDを聴きながら、発音もね。

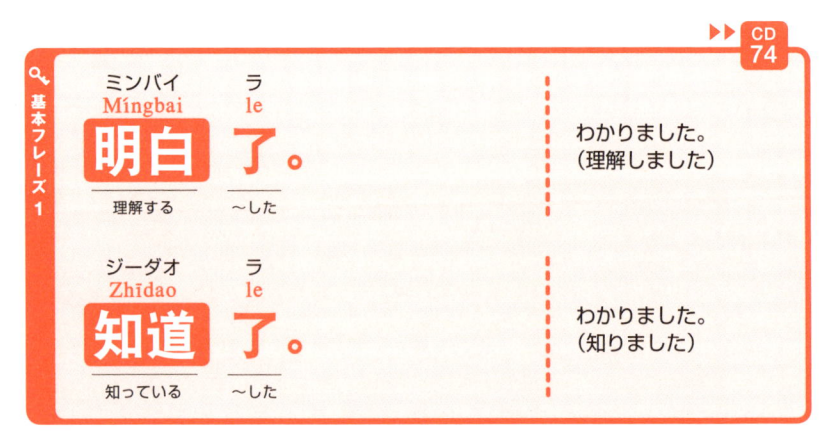

基本フレーズ1 ▶▶ CD 74

| ミンバイ
Míngbai
明白
理解する | ラ
le
了。
〜した | わかりました。
（理解しました） |

| ジーダオ
Zhīdao
知道
知っている | ラ
le
了。
〜した | わかりました。
（知りました） |

ネコ助：どうして2つもあるの？

うん。これは、「わかる」の意味合いが違うからなんだ。簡単に言うと、こんな感じかな。
- 明白(ミンバイ)：わかる。はっきりと理解できる。
- 知道(ジーダオ)：知る。わからなかったことがわかる。

つまり、**"明白了(ミンバイラ)。"** は「**理解できた＝わかりました**」で、**"知道了(ジーダオラ)。"** は「**知りました＝わかりました**」ということだね。

漢字からも、なんとなくわかる気がする〜。

でしょ？　否定形は次のようになるよ。

基本フレーズ2

ブー Bù	ミンバイ míngbai	
不	明白	。
〜ない	理解する	

わかりません。
（理解できません）

ブー Bù	ジーダオ zhīdào	
不	知道	。
〜ない	知っている	

わかりません。
（知りません）

"了(ラ)" を取って、"不(ブー)" を付けるみたい。

そうだね。"知道(ジーダオ)" の "道(ダオ)" は否定のときには4声になるよ。

「わかる」「知っている」の表現は ほかにもいろいろある！

ほかにも「知っている」「わかる」の仲間がいるよ。まずは、この例文を紹介しよう。

▶▶ CD 74

ウォー	ヘン	リアオジエ	ニー
Wǒ	hěn	liǎojiě	nǐ
我	很	了解	你。
私は	とても	理解する	あなたを

あなたのことはよくわかっています。

🐱「了解」みたいな字が入ってる？

👨 "了解"は、「**本質的に理解している**」という意味だよ。

🐱 さっきの"明白（ミンバイ）"とは何が違うの？

👨 理解の度合いが"了解（リアオジエ）"のほうが高いんだ。それじゃあ、次はどう？

▶▶ CD 74

ジョーガ	レン	ウォー	ブー	レンシ
Zhège	rén	wǒ	bú	rènshi
这个	人	我	不	认识。
この	人を	私は	〜ない	知る

この人のことは、私は知りません。

🐱 今度は"认识（レンシ）"？？

👨 うん。"认识"は「認識」の簡体字で、**物事を深く知っている**ときに使うよ。対象は人、場所、文字など。それに「面識がある」「知り合う」なんて意味もあるよ。

🐱 ふ〜ん。

👨 この例文で、ほかに気になるところはない？

🐱 気になるところ？

👦 そう。"这个人（この人）"っていう目的語が先頭にきてるのは変じゃない？

🐱 言われてみれば…。この例文、間違ってるの？

👦 これはね、主題の提示といえばいいかなあ。文法には忠実ではないかもしれないけど、日本語でも強調したい語を先頭にもってくることがあるでしょ？「私はこの人を知らない。」を「この人のことを私は知らない。」って言うみたいに。それと同じだね。

🐱 ニャるほど〜。

👦 さらに押さえておきたいのが、「見てわかる」と「聞いてわかる」の「わかる」だね。

🐱 まだあるの?!

👦 あとちょっとだから、がんばって！

応用フレーズ ▶▶ CD 74

カン Kàn	ドン dǒng	ラ le	
看	懂	了。	（見て）わかりました。
見る	理解する	〜した	

カン Kàn	ブ bu	ドン dǒng	
看	不	懂。	（見て）わかりません。
見る	〜ない	理解する	

🐱「"懂"??　これもまたはじめて見る〜。」

🧑「うん。"看懂"は、"看（見る）"のあとに、見た結果を表す"懂（理解する）"を付けてるよ。」

🐱「ふむふむ。」

🧑「それに、見てもわからない場合は"看（見る）"に"不懂（理解しない）"を付けて"看不懂（見てわからない）"になるんだ。このときの"不"は軽声だよ。」

🐱「じゃあ、「聞いてわかる」はどうなるの？」

🧑「「聞いてわかる」は、さっきの"看"の部分を"听"にかえるだけ。次の例文を見てみて。」

▶▶ **CD 74**

ティン ドン ラ
Tīng dǒng le
听 懂 了。
聞く　理解する　〜した

（聞いて）わかりました。

ティン ブ ドン
Tīng bu dǒng
听 不 懂。
聞く　〜ない　理解する

（聞いて）わかりません。

🐱「本当だ〜。"看"を"听"にしただけだ。」

🧑「でしょ？　いろんな「わかる」「知っている」が出てきて、混乱したかもしれないね。」

🐱「復習しないと!」

それじゃあ、ノートを見ながらでいいから復習してごらん。

え〜っと…。"明日(ミンバイ) 了(ラ)" と "知道(ジーダオ) 了(ラ)" でしょ？ それに "了解(リアオジエ)" と "认识(レンシ)"。あとは…、"看(カン) 懂(ドン) 了(ラ)" と "听(ティン) 懂(ドン) 了(ラ)"。ふう〜。なかなか覚えられないっす…。

最初は誰でもそうだよ。でも何を根拠に理解したのか、どれくらいのレベルで理解しているのかを言えたら、中国の人ともっとうまくコミュニケーションできるはず！

はい！ がんばりまーす！

それじゃあ、最後に入れかえフレーズに挑戦しよう。

▶▶ CD 75

入れかえフレーズ

空欄にいろいろな単語を入れてみましょう

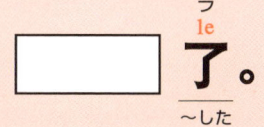

☐ 了(ラ / le)。
〜した

バリエーション単語

ミンバイ Míngbai	ジーダオ Zhīdao	カン ドン Kàn dǒng	ティン ドン Tīng dǒng
明白	知道	看懂	听懂
理解する	知っている	見て理解する	聞いて理解する

5時間目 基本文型をマスター1

6時間目 基本文型をマスター2

7時間目 基本文型をマスター3

167

Lesson 27 🎧 CD 76～77

私はちょっと
見てみます。

基本の表現

動詞を重ねる表現／
ちょっと〜します

動詞を重ねると軽〜い表現になる?!

先生：少し話が戻るけど、Lesson9（P.51）で勉強した「ちょっと〜する」の、"動詞＋一下ィーシァ"を覚えてる？

ネコ助：え〜っと、たとえばどんな文でしたっけ？

先生：え〜っと、"请チン 等ドン 一下ィーシァ。（少々お待ちください。）"とか。

ネコ助：覚えてます、覚えてます！

先生：それじゃあ、「私はちょっと見てみる。」は、中国語にするとどうなるかな？

ネコ助：え〜と、「見る」は"看カン"だから、"我ウォー 看カン 一下ィーシァ。"かな？

先生：正解！ ここからが授業の本番。動詞に"一下ィーシァ"を付けるほかにも「ちょっと〜する」の言い方があるんだよ。次のフレーズをチェックしよう。

基本フレーズ

ウォー	カン	カン
Wǒ	kàn	kan
我	看	看 。
私は	見る	見る

私はちょっと見てみます。

🐱 "看看"?? こりゃ何だ？

👨 これはね、動詞を重ねているんだよ。こうすると動作の程度が軽くなって、**「ちょっと～する」「試しに～する」の意味**になるんだ。

🐱 動詞を重ねると程度が軽くなるの？ なんだか意外！

👨 ちなみに2つめの動詞は、軽声で読むよ。

🐱 あっ、本当だー。2つめの"看"には四声が付いてないや。

👨 そして**動詞と動詞の間に、"一"を入れてもいい**んだよ。こんな感じ。

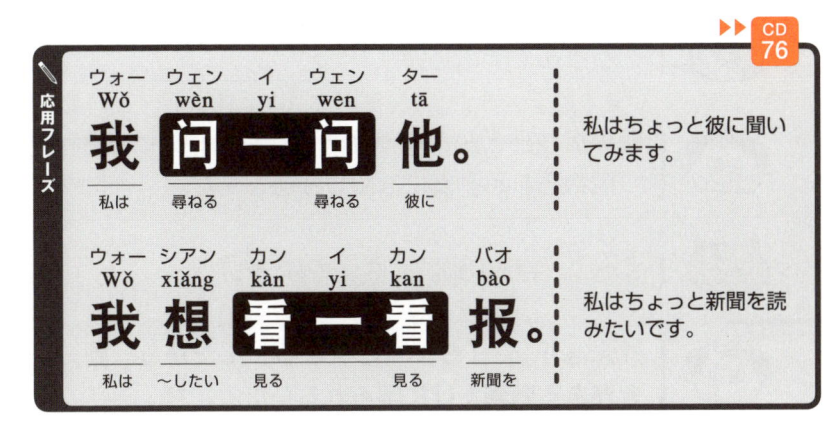

応用フレーズ

ウォー	ウェン	イ	ウェン	ター
Wǒ	wèn	yi	wen	tā
我	问	一	问	他 。
私は	尋ねる		尋ねる	彼に

私はちょっと彼に聞いてみます。

ウォー	シアン	カン	イ	カン	バオ
Wǒ	xiǎng	kàn	yi	kan	bào
我	想	看	一	看	报 。
私は	～したい	見る		見る	新聞を

私はちょっと新聞を読みたいです。

| "一"を入れても、意味はまったく同じ？

| うん。まったく同じ。最初に話題に出した"请等一下。"なら、"请等等。"でもいいし、"请等一等。"でもOKだよ。

| ふ〜ん。

| 試しに自分で例文を作ってごらん。

| えーっと。何にしようかな。…（沈黙）
それじゃあ先生、こんな感じはどう？

▶▶ CD 76

ウォー　シュエシー　シュエシー　ハンユー
Wǒ　　xuéxí　　　xuexi　　　Hànyǔ
我　　 学习　　　学习　　　汉语。　　私はちょっと中国語を勉強します。
私は　　勉強する　　勉強する　　中国語を

| うん。この例文自体は問題ないね。だけどそんなに軽くじゃなくて、しっかり勉強してほしいな〜（笑）。

| もちろんですよ！（笑）

| 簡単だからどんどん使えそうだよね。だけど2つ重ねられる動詞には限りがあるんだ。

| え〜！ 全部の動詞には使えないんだ…。

| 残念ながら、**「ちょっと〜する」んだから、動きがある動詞だけに限られる**んだよ。

170

🐱 動きがある動詞？？

👨 たとえば"是（〜である）"とか"有（持っている）"のような動詞は、重ねられないんだ。

🐱 たしかに"我 是 是 日本人。"で「私はちょっと日本人です。」なんて、変だもんね。

👨 でしょ？ それに"我 有有 本。"で、「私はちょっと本を持っています。」もおかしいよね。

🐱 意味を考えれば、重ねて伝える動詞は見抜けそうだぞ！

👨 そうだね。それじゃあ、さっそく入れかえフレーズで、いろんな「ちょっと〜する」を発音してみよう。

▶▶ CD 77

入れかえフレーズ
空欄にいろいろな単語を入れてみましょう

ウォーメン
Wǒmen
我们 ☐ ☐ 。
私たちは

バリエーション単語

シー	チャン	タン	シャンリアン
shì	cháng	tán	shāngliang
试	尝	谈	商量
試す	味わう	話し合う	相談する

5時間目 基本文型をマスター1
6時間目 基本文型をマスター2
7時間目 基本文型をマスター3

Lesson 28　CD 78〜80

私は中国語を話せます。

基本の表現
可能の表現／〜できます

「〜できる」は3パターンもある

先生：それじゃあ、次は「〜できる」の言い方を教えてあげるね。

ネコ助：Yes,we can！　なんちゃって（笑）。

先生：いいねえ。その調子！

ネコ助：がんばりま〜す！

先生：それではさっそく。中国語の**「〜できる」は3種類ある**よ。3種類ともいわゆる助動詞。まずいちばんよく使われる言い方から。次のフレーズをチェックしよう。

基本フレーズ1　CD 78

ウォー	ホイ	シュオ	ハンユー
Wǒ	huì	shuō	Hànyǔ
我	会	说	汉语。
私は	〜できる	話す	中国語を

私は中国語を話せます。

ネコ助：さては"会"がポイント？

そう！　この"会"は助動詞の仲間。これを動詞の前に置いて、「〜できる」の意味になるよ。

ぼくも早く"我 会 说 汉语。"と言えるようになりたいな〜！

そうだね。**"会"は、練習の末マスターしたというニュアンス**で使われるよ。

そっかあ。勉強した結果、中国語を話せるようになったってことだもんね。

そうそう！　そういうこと。じゃあ次のフレーズはどう？

基本フレーズ2

ター	ヨウ	チエン	ノン	マイ	チーチョー
Tā	yǒu	qián	néng	mǎi	qìchē
他	有	钱，	能	买	汽车。
彼は	持つ	お金を	〜できる	買う	自動車を

彼はお金を持っていて、車を買えます。

今度は"能"？

そう。これも助動詞。**"能"は客観的な可能性や条件、もともと能力があった場合に使う**よ。

たとえば、ほかにどんなときだろ？

「鳥は空を飛べる。」なんて例が、わかりやすいかな？

そっかそっか。鳥はもともと飛べる力があるもんね。

要するに、**最初からできる場合は"能"で、あとからできるようになった場合は"会"を使う**んだ。

ニャるほど〜。

3つめの「〜できる」はこんな感じ。見てみよう。CDで音声も確認してね。

基本フレーズ3

ジョール	クーイー	チョウ	イェン
Zhèr	kěyǐ	chōu	yān
这儿	可以	抽	烟。
ここ	〜できる	吸う	たばこを

ここではたばこを吸えます。

CD 78

今度は"可以"？　これも助動詞？

うん。この"可以"**は条件や環境的に許されて、できる場合に使う**よ。

条件や環境的に許されるって何だろ？

日本語の意味を考えてごらん。ここで言う「吸える」っていうのは「吸う能力がある」ことではなくて、「吸ってもいい」ってことだよね。その感覚だよ。

ガッテンしました！

つまり、「(〜しても) 構わない、大丈夫」って感じ。ちなみに「〜してもいいですか?」と尋ねたいときは、肯定文の最後に"可以 吗?"を付けるよ。例文を見てみよう。

▶▶ CD 78

ウォー	チョウ	イェン	クーイー	マ
Wǒ	chōu	yān	kěyǐ	ma
我	抽	烟,	可以	吗?
私は	吸う	たばこを	いい	か

たばこを吸っていいですか?

ふむふむ。これで3種類の違いが、よ〜くわかりました!

それじゃあ、この3つの「〜できる」の否定文はどうなると思う?

そりゃおなじみの"不"を使うんでしょ?
"不会""不能""不可以" これでどうだ!

惜しい!"不可以"だけは少し違うんだよ。**"不可以"は、条件や環境的に許されないことになるから、「〜してはいけない」っていう禁止の意味**になっちゃう。こんな感じだね。

▶▶ CD 78

ニー	ブークーイー	ジンチュ
Nǐ	bùkěyǐ	jìnqu
你	不可以	进去。
あなたは	〜してはいけない	入っていく

入ってはいけません。

「入れません」っていう意味にはならないのか〜。

これはLesson25（P.154）で勉強した助動詞 "要（ヤオ）" の否定形 "不要（ブーヤオ）" と似てるよね。

"不要（ブーヤオ）" と "不可以（ブークーイー）" の違いはないの？

どちらかというと "不要（ブーヤオ）" のほうが、同じ強制的でも「だめ」の意味合いが強いよ。

じゃあ、彼女に携帯電話を勝手に見られそうになったら、"你 不要 看（ニー ブーヤオ カン）。" を使います（笑）。

それはいい判断だ（笑）。でも逆に怒られるかもよ？　それじゃあ、せっかく "不要（ブーヤオ）" を思い出したから、今まで勉強した5つの助動詞をここで整理しようね。

"想（シアン）"　「〜したい」
"要（ヤオ）"　「〜しなければならない」
"会（ホイ）"　「（練習の末）〜できる」
"能（ノン）"　「（能力や条件があって）〜できる」
"可以（クーイー）"「（許されて）〜できる」

こんなに勉強したんだー！　ぼくってすごい☆

しっかり覚えれば、会話がどんどんおもしろくなるはず！　じゃあ最後に、入れかえフレーズに挑戦しようね。まずはよく使う "会（ホイ）" にトライしてみて。

は〜い！　がんばります！

入れかえフレーズ

空欄にいろいろな単語を入れてみましょう

▶▶ CD 79

ウォー　ホイ
Wǒ　huì

我 会 □□□ 。

私は　～できる

バリエーション単語

| ダー マージアン
dǎ májiàng
打麻将
麻雀をする | ティアオウー
tiàowǔ
跳舞
ダンスをする | バオ ジアオズ
bāo jiǎozi
包饺子
ギョウザを作る | ホア ホアル
huà huàr
画画儿
絵を描く |

次は「いつ～できますか?」の"能"を使った入れかえフレーズ。"能"は客観的な可能性や条件、もともと能力があった場合に使うからね。

ふむふむ。頭に入れながら、発音してみます!

▶▶ CD 80

入れかえフレーズ

空欄にいろいろな単語を入れてみましょう

ニー　シェンマ　シーホウ　ノン
Nǐ　shénme　shíhou　néng

你 什么 时候 能 □□□ ?

あなたは　　　いつ　　　～できる

バリエーション単語

| ライ
lái
来
来る | ツァンジア
cānjiā
参加
参加する | ワンチョン
wánchéng
完成
完成する | ファー ヨウジエン
fā yóujiàn
发邮件
メールをする |

Lesson 29 CD 81〜82

私はメールを送りました。

基本の表現
完了の表現／〜しました

すでに済んだ動作に"了"を付ける

先生：これまでのフレーズで、文末に"了"が付くのが何度か出てきたよね。

ネコ助：うんうん。出てきました。

先生：そのときは、「〜した」って訳したよね。覚えてるかな？

ネコ助：そうでした、そうでした。でもどうせ過去形の表現でしょ？

先生：残念。それが違うんだよ。「〜した」と訳されるから「昨日、メールを送った」のように、過去の動作だと思われちゃうんだけど。

ネコ助：えーっ!! 過去形じゃなかったら、何なの？

先生：**"了"は、過去ではなくて「完了」**だと覚えてほしいんだ。

ネコ助：完了？ よくわかんない。

> 「～し終わった」とか「～の状態になった」と言ったら、わかりやすいかな？

> （無言）

> ピンとこないよね（笑）。とにかく次のフレーズを見てみよう。

基本フレーズ ▶▶ CD 81

ウォー　ファー　ヨウジエン　ラ
Wǒ　fā　yóujiàn　le
我　发　邮件　了。
私は　送る　メールを　〜した

私はメールを送りました。

> ど〜〜〜う見ても過去形に見えるんですけど…。

> 要するにこのフレーズはね、「送るという動作が、もう済んでいる」と理解すればいいんだよ。

> んー。よくわかんない。

> 難しいよね〜。この"了"はとても複雑で、どんな辞書でもかなりのページを割いて説明してるんだ。

> わかんなくて当然なのかな？

> そう。安心したかな？"了"については、話し始めるときりがないんだ。だからこの授業では、**すでに済んだ動作を表す**と覚えておこうね。

> はいっ！

じゃあ「私はメールを送りませんでした」は、どうなると思う？

否定形か〜。"不(ブー)"を"了(ラ)"の前に付けるのかな？

残念！"了(ラ)"の否定形は"不(ブー)"じゃなくて"没有(メイヨウ)"を使うんだよ。次の例文を見てみようね。

▶▶ CD 81

ウォー	メイヨウ	ファー	ヨウジエン
Wǒ	méiyǒu	fā	yóujiàn
我	没有	发	邮件。
私は	〜しなかった	送る	メールを

私はメールを送りませんでした。

そっかあ。"不(ブー)"じゃなくて"没有(メイヨウ)"を使うのかあ。混乱しちゃいそう…。

"没有(メイヨウ)"のほかに、気になるところはない？

気になるところ？ …あぁっ！"了(ラ)"がない。

そうなんだ。"没有(メイヨウ)"で否定して、"了(ラ)"は取る。ここに注意だよ。じゃあ、次はこんな応用フレーズを紹介しよう。

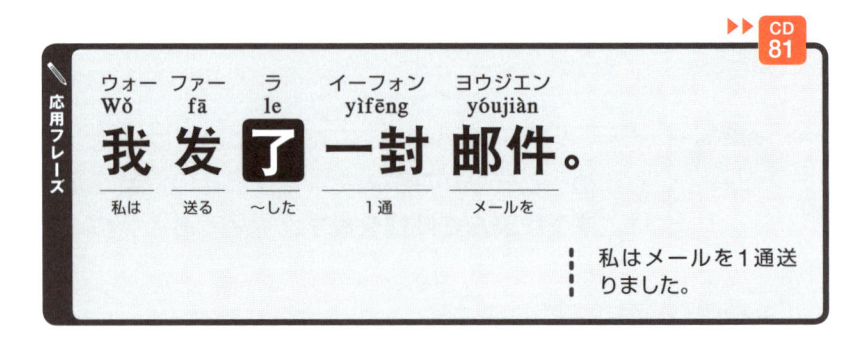

▶▶ CD 81

応用フレーズ

ウォー	ファー	ラ	イーフォン	ヨウジエン
Wǒ	fā	le	yìfēng	yóujiàn
我	发	了	一封	邮件。
私は	送る	〜した	1通	メールを

私はメールを1通送りました。

🐱 むむむ?! "了"の場所が移動した？

👨 **数詞が付いた目的語のときは、"了"は文末ではなくて、動詞の後ろに付くんだよ。**

🐱 数詞が付いた目的語??

👨 うん。つまりここでは"一封 邮件（1通のメール）"のことだね。
イーフォン ヨウジエン

🐱 数詞が付かないときに"我 发 了 邮件。"と言ったら間違い？
ウォー ファー ラ ヨウジエン

👨 ん〜。なんだか文が終わった感じがしないね。「私がメールを送ると」みたいな訳し方になっちゃうよ。

🐱 そうなんだあ。じゃあいつもの入れかえフレーズに挑戦します！

▶▶ CD 82

入れかえフレーズ
空欄にいろいろな単語を入れてみましょう

ウォー	マイ		ラ
Wǒ	mǎi		le
我	买	☐	了。
私は	買う		〜した

バリエーション単語

ピーバオ	シーフー	リンダイ	ピーシエ
píbāo	xīfú	lǐngdài	píxié
皮包	西服	领带	皮鞋
かばん	スーツ	ネクタイ	革靴

181

Lesson 30　🎧CD 83〜85

私たちはおしゃべりをしています。

基本の表現
現在進行形の表現／〜しています

進行形は動詞の前に"在(ザイ)"を付けるだけ

先生｜6時間目、最後の授業だよ。

ネコ助｜ふ〜。やっとここまで来ましたね！ 最後まで気をひきしめてがんばるぞー！

｜先生もがんばるよ。最後の6時間目の授業は、現在進行形を紹介しようね。

｜「〜しています」ってやつですね。

｜そうそう。英語では「be動詞＋〜ing」の形だよね。たとえば「私は話しています。」なら、「I am talking.」となるのを覚えてる？

｜なんとなーく、覚えてます。

｜その**現在進行形が、中国語では"在(ザイ)＋動詞"になる**んだよ。

｜まーた、"在(ザイ)"の登場？？

"在"は人気者なんだ（笑）。今まで"在"は「ある」「いる」の動詞（P.74）、「〜で」の介詞（P.77）で登場したね。今回の「〜している」では、こんなふうに使われるよ。

▶▶ CD 83

基本フレーズ

ウォーメン Wǒmen	ジョンザイ zhèngzài	リアオティエン liáotiān	
我们	正在	聊天。	私たちはおしゃべりをしています。
私たちは	〜している	おしゃべりをする	

ター Tā	ザイ zài	ダー dǎ	ディエンホア diànhuà	
他	在	打	电话。	彼は電話をしています。
彼は	〜している	する	電話を	

んん？？ "正在" ってなんだ？

"在" と同じで現在進行を表すよ。"在" でも "正在" でも "正" でも、現在進行形なんだ。

主語 ＋ 在 / 正在 / 正 ＋ 動詞（＋目的語）

それぞれに違いはないよ。ただ実際の会話では、"在" と "正在" が、よく使われるかな。

183

ふ〜ん。

じゃあ試しに、現在進行形の文章を作ってみようね。ネコ助くんにぴったりの文章「私は中国語を勉強しています。」を中国語にしてみよう。

え〜っと。「勉強する」は"学习（シュエシー）"でしたよね？「中国語」は"汉语（ハンユー）"だから、"我 在 学习 汉语（ウォー ザイ シュエシー ハンユー）。"になるのかな？

そのとおり！

状態を表す「〜している」もある！

では、ちょっとここでシンキングタイム。「私は服を着ています。」という日本語の文を読んで、どんな意味を連想するかな？

もちろん、さっき習った現在進行形の意味でしょ？

うん。そのほかはどう？

そのほか??　あっ！　わかったかも。「服を着ている状態」ってこと？

そうそう！　服を着ている状態、つまり「裸ではない」ということだね。この現在進行形の「着ている」と、状態を表す「着ている」。これを中国語で表すとこんな感じだよ。CDで音声も聴いて、発音もしてみてね。

応用フレーズ

ウォー Wǒ	ジョンザイ zhèngzài	チュアン chuān	イーフ yīfu
我 私は	正在 ～している	穿 着る	衣服。 服を

私は服を着ています。(進行中)

ウォー Wǒ	チュアンジョ chuān zhe	イーフ yīfu
我 私は	穿着 着ている	衣服。 服を

私は服を着ています。(状態)

🐱 "穿着"で、状態の「着ている」になるの？

👦 そうなんだ。**"動詞＋着"で状態を表す**よ。「～している」だけじゃなくて、「～してある」なんて言うときも同じ。次の例文をチェックしてみよう。

ジアオシー Jiàoshì	ダ de	チュアンフ chuānghu	カイジョ kāizhe
教室 教室	的 の	窗户 窓は	开着。 開いている

教室の窓は開いています。

ター Tā	チュアンジョ chuānzhe	ダーイー dàyī
他 彼は	穿着 着ている	大衣。 コートを

彼はコートを着ています。

🐱 ふ～ん。たしかに"着"が付いてるー。

👦 **"在＋動詞"で現在進行形、"動詞＋着"で状態を表す**んだ。

🐱 了解でーす。

あれ？ どうしたネコ助くん。なんだかけげんな顔をしてるね。

ん～先生、質問！ 動詞が"有(持っている)"の場合はどうするの？ これはすでに状態の意味だと思うんだけど…。

いいところに気づいたねー。"有(持っている)"のように、もともとの意味に進行や状態のニュアンスが入っている動詞には"在"や"着"は付けられないんだよ。

進行や状態のニュアンスが入ってる動詞？

うん。たとえば"是(～です)"とか、"知道(知っている)"だね。これには"在"や"着"は付けられないよ。

付けたら、「知っているいる」とかになっちゃうのかな？(笑)

そうかもしれないね(笑)。いずれにしても中国人には、???って思われるだろうね。

じゃあ、なんでもかんでも動詞を現在進行形にしていたら危険だね。

そうだね。ちゃんと動詞の意味や性質を理解して使おうね。それじゃあ、最後は入れかえフレーズ。まずは現在進行形の"在"から。

入れかえフレーズ

空欄にいろいろな単語を入れてみましょう

CD 84

ウォー ザイ
Wǒ zài

我 在 ［　　　］。

私は ～している

バリエーション単語

カンバオ kàn bào 看报 新聞を読む	シーイーフ xǐ yīfu 洗衣服 洗濯をする	シーザオ xǐzǎo 洗澡 入浴する	シュエシー xuéxí 学习 勉強する

🐱 へえ～。「新聞を読む」って"看报"って書くのか～。

👦 うん。"报"が「新聞」、"看"が「読む」になるね。じゃあ、次は状態を表す"着"のフレーズ。

入れかえフレーズ

空欄にいろいろな単語を入れてみましょう

CD 85

ター チュアンジョ
Tā chuānzhe

他 穿着 ［　　　］。

彼は 着ている（履いている）

バリエーション単語

ジアクー jiākè 茄克 ジャケット	ダーイー dàyī 大衣 コート	ピーシエ píxié 皮鞋 革靴	ミンパイ míngpái 名牌 ブランド品

復習問題 6時間目 「基本文型をマスター2」のおさらいトレーニング

1. 次の簡体字をなぞって練習してから、書いてみましょう。
▶Lesson 26〜30

❶ 知る、知り合う

レンシ
rènshi
认识 → （认识）→ （　　）

❷ 新聞

バオ
bào
报 → （报）→ （　　）

❸ たばこ

イェン
yān
烟 → （烟）→ （　　）

❹ 送る

ファー
fā
发 → （发）→ （　　）

❺ 窓

チュアンフ
chuānghu
窗户 → （窗户）→ （　　）

2. 日本語を参考に、語群の中から正しい中国語を選び、（　）に書いてみましょう。

▶Lesson 26〜30

❶ (聞いて) わかりました。

ティン　　　　　　　ラ
Tīng　　　　　　　le

听（　　　）了。

❷ 彼はお金を持っていて、車を買えます。

ター　ヨウ　チエン　　　　　　マイ　チーチョー
Tā　yǒu　qián　　　　　　mǎi　qìchē

他 有 钱，（　　　）买 汽车。

❸ 私はメールを1通送りました。

ウォー　ファー　　　　　　イーフォン　ヨウジエン
Wǒ　　fā　　　　　　　yìfēng　yóujiàn

我 发（　　　）一封 邮件。

❹ 彼は電話をしています。

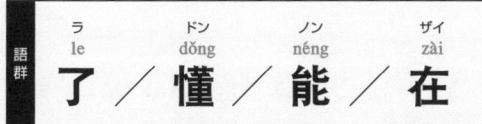

ター　　　　　　　ダー　ディエンホア
Tā　　　　　　　dǎ　diànhuà

他（　　　）打 电话。

語群：

ラ　　ドン　　ノン　　ザイ
le　dǒng　néng　zài

了 ／ 懂 ／ 能 ／ 在

6時間目 復習問題 答えと解説

1.

❶ 认识 (レンシ rènshi)

解説 とても珍しい形だが、**これは「認識」を略したもの**。物事を深く知っていることを表し、対象は人・文字・場所になる。

❷ 报 (バオ bào)

解説 「報」の字の偏の部分が変化してこの形になっている。日本語のイメージで"新闻"と書いてしまうと「ニュース」の意味になる。

❸ 烟 (イェン yān)

解説 「煙」の簡体字。たばこだけでなく煙そのものも、このようにいう。

❹ 发 (ファー fā)

解説 「発」の簡体字。書き順は①"一"②"ノ"③"フ"④"乀"⑤"、"となる。

❺ 窗户 (チュアンフ chuānghu)

解説 "窗"の口の上の点を忘れる人が多い。**"户"は日本語の「戸」と違い、上は点である**。

2.

❶ 听（懂）了。
　　Tīng dǒng le
　　ティン ドン ラ

解説 "懂"は"听（聞く）"という動作の結果でわかるという意味。**聞いてわからない場合は"听不懂"**という。

❷ 他 有 钱，（能）买 汽车。
　　Tā yǒu qián　néng mǎi qìchē
　　ター ヨウ チエン　ノン マイ チーチョー

解説 "能"は可能性や能力があって「できる」という場合に用いる助動詞。"会"や"可以"との違いも覚えておこう。

❸ 我 发（了）一封 邮件。
　　Wǒ fā le yìfēng yóujiàn
　　ウォー ファー ラ イーフォン ヨウジエン

解説 "一封 邮件（1通のメール）"というように**目的語が数量をともなっているので**、"了"はこの位置に置かれる。"一封"がなければ"我 发 邮件 了。"の語順となる。

❹ 他（在）打 电话。
　　Tā zài dǎ diànhuà
　　ター ザイ ダー ディエンホア

解説 進行中の動作は「"在" + 動詞」で表す。"在"は"正在""正"などにしてもよい。

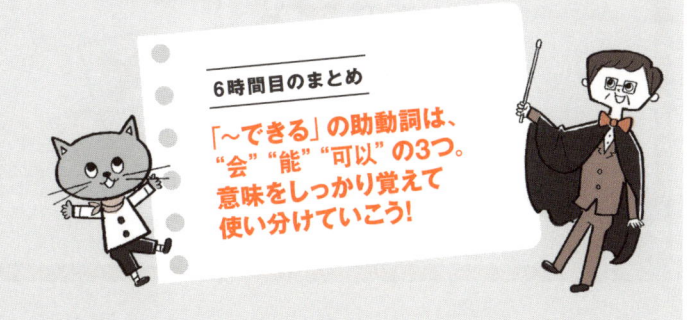

6時間目のまとめ

「～できる」の助動詞は、"会""能""可以"の3つ。意味をしっかり覚えて使い分けていこう！

休み時間 6　中国の人びとエトセトラ

プライドが高く現実的
－中国人のビジネス感覚－

　中国人との交渉では、随所にプライドが顔を覗かせます。このあたりを尊重して、「あなたが一番」という姿勢をとることが心を開かせるポイントになります。

　日本式の遠慮や謙遜も不要。いつの間にか譲歩を迫られることにもなりかねないので、イエスかノーかをはっきりと伝えてください。

　また、彼らは人を見る目と気配りには長けていて、こちらのちょっとしたしぐさからも心の動きを見抜こうとします。ですから必要以上に喜怒哀楽を表に出さず、冷静に対処しましょう。相手の感情を損ねると、チャンスを失うことにもなるからです。

　もし交渉が行き詰まったら、冷却期間を置くためにひと呼吸入れることも必要でしょう。中国人との交渉にはかなりの時間を要すると覚悟して臨みましょう。あせりは禁物、相手のペースに巻き込まれないよう細心の注意を払うことが必要です。

7時間目

基本文型をマスター3

さあ、いよいよ最後の授業だよ。
「〜したことがある」「〜しに行く」「〜するのがうまい」
などの表現を覚えよう!
これで基本的な会話はほとんどできるようになるはず!

Lesson 31　CD 87〜89

私は中国に行ったことがあります。

基本の表現

経験の表現／
〜したことがあります

「〜したことがある」は"过"を入れるだけ

ネコ助：いよいよ授業も、あと1時間！　先生のおかげで、中国語がだいぶわかるようになりましたよ〜。

先生：それはよかった！　はりきって授業を始めよう。ここでは「〜したことがある」の、経験の表現を学ぼうね。さっそくフレーズをチェック！

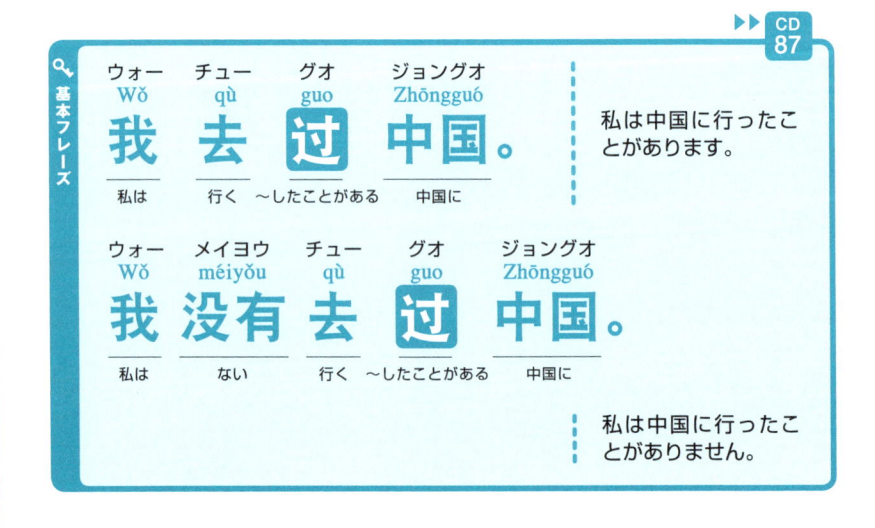

基本フレーズ ▶▶ CD 87

ウォー Wǒ	チュー qù	グオ guo	ジョングオ Zhōngguó
我	去	过	中国。
私は	行く	〜したことがある	中国に

私は中国に行ったことがあります。

ウォー Wǒ	メイヨウ méiyǒu	チュー qù	グオ guo	ジョングオ Zhōngguó
我	没有	去	过	中国。
私は	ない	行く	〜したことがある	中国に

私は中国に行ったことがありません。

🐱 "过"っていうのがポイントみたい。

👨 "过"は「過」の簡体字で、動詞のあとに付いて「〜したことがある」の意味を表すんだ。

🐱 へえ〜。否定形には"不"じゃなくて"没有"を使うの？

👨 そう！ Lesson29（P.178）で勉強した完了を表す"了"のときは、"没有"で否定して"了"を取ったよね。だけど**経験を表す"过"の否定形は"没有〜过"となるんだよ。**

🐱 "了"は取るのに、"过"はそのままなのか！

👨 みんな混同しやすいから、気をつけてね。じゃあ、次のフレーズを見てみて。

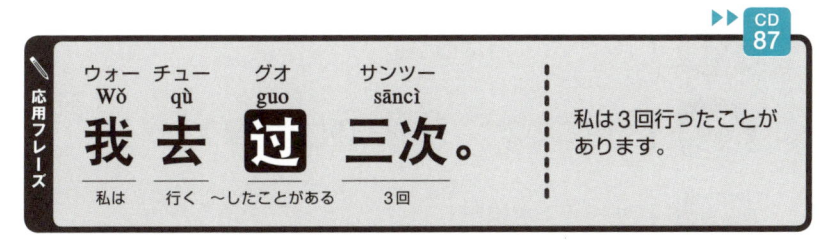

▶▶ CD 87

応用フレーズ

ウォー Wǒ	チュー qù	グオ guo	サンツー sāncì
我	去	过	三次。
私は	行く	〜したことがある	3回

私は3回行ったことがあります。

🐱 今度は回数が入ってる〜。

👨 うん。これは「何回経験したか」という、回数の要素が入っているんだね。

🐱 ふむふむ。

> そして、**動詞のあとに回数を入れる**よ。

> "三次(サンツー)"が3回っていう意味なら、4回は"四次(スーツー)"になる？

> そのとおり！ 次の例文を一緒に確認しよう。

▶▶ CD 87

ウォー	チュー	グオ	サンツー	ジョングオ	
Wǒ	qù	guo	sāncì	Zhōngguó	
我	去	过	三次	中国。	私は中国に3回行ったことがあります。
私は	行く	～したことがある	3回	中国に	

ウォー	ジエン	グオ	ター	サンツー	
Wǒ	jiàn	guo	tā	sāncì	
我	见	过	他	三次。	私は彼に3回会ったことがあります。
私は	会う	～したことがある	彼に	3回	

> 違いに気づかない？ よ～く見てみて。

> ん～？？ 何だろう。

> 実はこの2つ、"三次(サンツー)"の位置が違うんだよ。

> あっ！ 本当だ！

> 普通の目的語の場合は、「動詞＋回数＋目的語」の順番になるよ。

> それが"我 去 过 三次 中国(ウォー チュー グオ サンツー ジョングオ)。"のフレーズかあ。

> そう。だけど、**目的語が「彼女」や「あなた」のように人を表す代名詞なら、「動詞＋目的語＋回数」になる**んだ。

> 2つめの例文は"他（彼に）"だから"三次"が最後に付いてたのかあ。

> これはみんなが間違えるから、気をつけてね。

▶▶ CD 88

入れかえフレーズ
空欄にいろいろな単語を入れてみましょう

ウォー　チュー　グオ
Wǒ　qù　guo

我 去 过 ◯◯◯。

私は　行く　～したことがある

バリエーション単語

メイグオ Měiguó 美国 アメリカ	ハングオ Hánguó 韩国 韓国	ファーグオ Fǎguó 法国 フランス	ダーグオ Déguó 德国 ドイツ

> 回数の表現が入ったフレーズも練習しておこう。

▶▶ CD 89

入れかえフレーズ
空欄にいろいろな単語を入れてみましょう

ウォー　カン　グオ
Wǒ　kàn　guo

我 看 过 ◯◯◯。

私は　見る　～したことがある

バリエーション単語

イーツー yícì 一次 1回	ウーツー wǔcì 五次 5回	シーツー shícì 十次 10回	アルシーツー èrshicì 二十次 20回

Lesson 32　🎧 CD 90〜91

私はプレゼントを買いに行きます。

基本の表現
"去""来"の表現／
〜しに行きます。〜しに来ます

「〜しに行く」と「〜しに来る」の表現

ネコ助：明日、プレゼントを買いに行くんですよ〜。

先生：誰にあげるの？　どうやって買いに行くの？

ネコ助：彼女のネコ美ちゃんに！　電車に乗って高級デパートに買いに行くつもり〜。っていうか、どうしてそんなにしつこく聞くの？？

先生：ごめん、ごめん（笑）。今の文を中国語にしてみようと思ったんだ。さっそくフレーズをチェック。

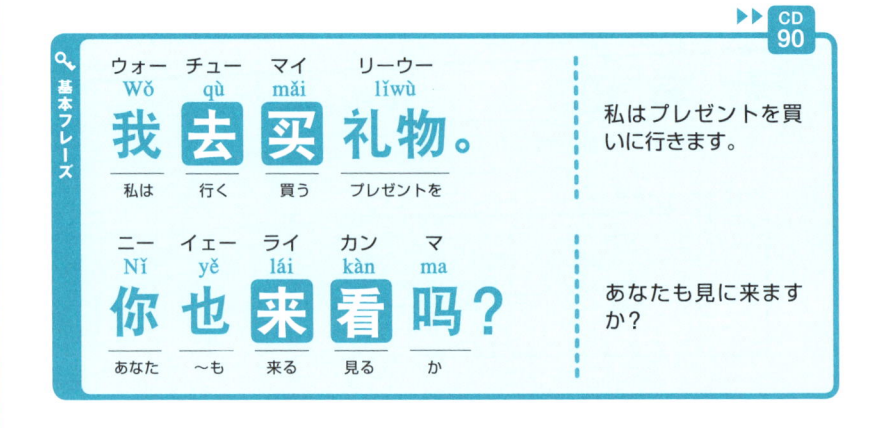

基本フレーズ ▶▶ CD 90

ウォー	チュー	マイ	リーウー
Wǒ	qù	mǎi	lǐwù
我	去	买	礼物。
私は	行く	買う	プレゼントを

私はプレゼントを買いに行きます。

ニー	イェー	ライ	カン	マ
Nǐ	yě	lái	kàn	ma
你	也	来	看	吗？
あなた	〜も	来る	見る	か

あなたも見に来ますか？

🧑 2つを比べて、何かに気づかない？

🐱 んん？ どこどこ？

🧑 実は1つの文の中に、動詞が2つ入ってるんだよ。

🐱 ん？ あっ、本当だ！ 1つめのフレーズには"去（行く）"と"买（買う）"が入ってるし、2つめには"来（来る）"と"看（見る）"が入ってる！

🧑 ね？ 1つの主語で動詞を2つ使ってるでしょ？ これはね、"去＋動詞"で「〜しに行く」、"来＋動詞"で「〜しに来る」の意味になるんだよ。

🐱 ニャるほど〜。

🧑 動詞を2つ使う文は、"去""来"以外にも、もちろんあるよ。次のフレーズをチェックしてみよう。

🐱 はーい！

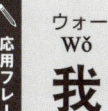

応用フレーズ1 ▶▶ CD 90

ウォー	マイ	リーウー	ゲイ	ニューポンヨウ
Wǒ	mǎi	lǐwù	gěi	nǚpéngyou
我	**买**	**礼物**	**给**	**女朋友。**
私は	買う	プレゼントを	あげる	彼女に

私はプレゼントを買って彼女にあげます。

> このフレーズは、「プレゼントを買う」と「彼女にあげる」がセットになってるね。

> うんうん。"买"と"给"の2つの動詞が入ってる。

> うん。これは**「○○して～する」**という、**動作の起こる順番で、動詞を並べている**だけ。特に片方の動詞に重点が置かれているわけじゃないんだ。それじゃあ、次のフレーズはどうかな？

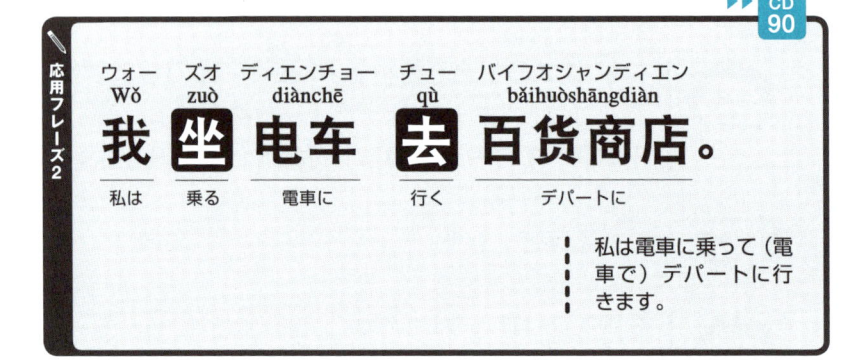

応用フレーズ2 ▶▶ CD 90

ウォー	ズオ	ディエンチョー	チュー	バイフオシャンディエン
Wǒ	zuò	diànchē	qù	bǎihuòshāngdiàn
我	坐	电车	去	百货商店。
私は	乗る	電車に	行く	デパートに

私は電車に乗って（電車で）デパートに行きます。

> このフレーズは、さっきと違って、**前の動詞が後ろの動詞の方法や手段を表してる**よ。

> 方法や手段を表す？ どういうこと？

> 「電車に乗る」のは、「デパートに行く」からだよね。だから、前にある "坐 电车（電車に乗る）" が、後ろにある "去 百货商店（デパートに行く）" の手段を表しているんだよ。

> そっか、そっか。

これで、1つの主語で、動詞を2つ使うパターンを、3種類勉強したね。まとめてみると…
- "去"+動詞（～しに行く）、"来"+動詞（～しに来る）。
- 動作が起こる順序で動詞を並べる。
- 前の動詞が後ろの動詞の方法や手段を表す。

おかげで、ぼくの明日の予定が言えるようになりました！ 先生、「しつこく聞いてどうするの？」なんて言ってごめんなさい（ペコリ）。

あはは！ 大丈夫、気にしてないよ。それじゃあ、最後に、入れかえフレーズに挑戦しよう！

はいっ！ 気合いを入れてがんばります!!

▶▶ CD 91

入れかえフレーズ
空欄にいろいろな単語を入れてみましょう

ウォー チュー
Wǒ qù
我 去 □ 。
私は 行く

バリエーション単語

| ワル wánr 玩儿 遊ぶ | ジエ ポンヨウ jiē péngyou 接朋友 友人を迎える | マイ ドンシ mǎi dōngxi 买东西 買い物をする | ジエ シュー jiè shū 借书 本を借りる |

Lesson 33　CD 92〜93

これはあれより高いです。

基本の表現
比較の表現／○○より〜です

比べるときは"比"でOK!

先生: ネコ助くん、どうした？　なんだかうれしそうだね。

ネコ助: 仕事で上司にほめられたんです！　同期のイヌ吉くんよりも仕事が速いって！　だから思わずニヤけちゃうニャ♪

先生: それはよかったね。ちょうどいい、今回はその「○○より〜だ」の比較の表現を紹介しよう。

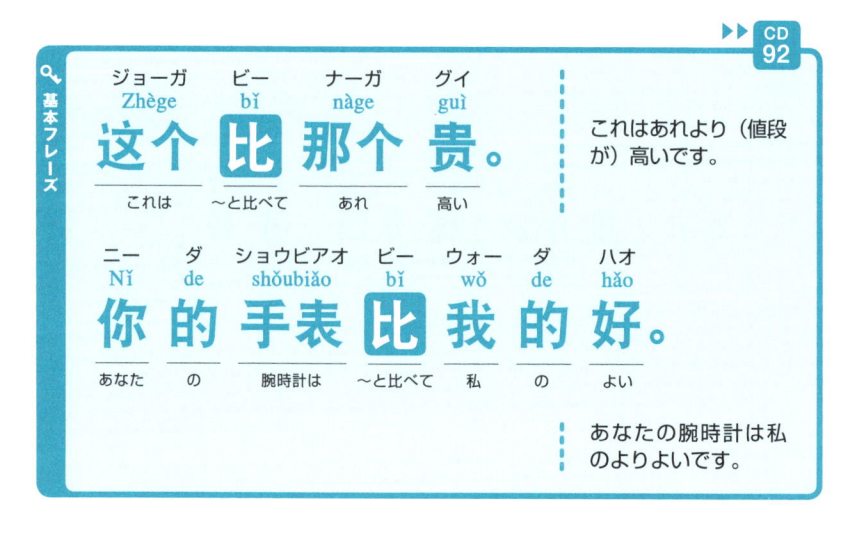

基本フレーズ ▶▶ CD 92

ジョーガ	ビー	ナーガ	グイ
Zhège	bǐ	nàge	guì
这个	比	那个	贵。
これは	〜と比べて	あれ	高い

これはあれより（値段が）高いです。

ニー	ダ	ショウビアオ	ビー	ウォー	ダ	ハオ
Nǐ	de	shǒubiǎo	bǐ	wǒ	de	hǎo
你	的	手表	比	我	的	好。
あなた	の	腕時計は	〜と比べて	私	の	よい

あなたの腕時計は私のよりよいです。

🐱 比較の"比"がそのまま入ってる（笑）。

👨 そうなんだ。わかりやすいでしょ。1つめのフレーズは"这个（これ）"と"那个（あれ）"を"比"で比べてるね。2つめはどう？

🐱 え〜っと、"你的手表（あなたの腕時計）"と"我的（私の）"を"比"で比べてます。

👨 そのとおり。「AはBよりも〜だ」は、「A"比"B＋形容詞」が、比較の公式になるんだよ。次のフレーズは、どうかな？

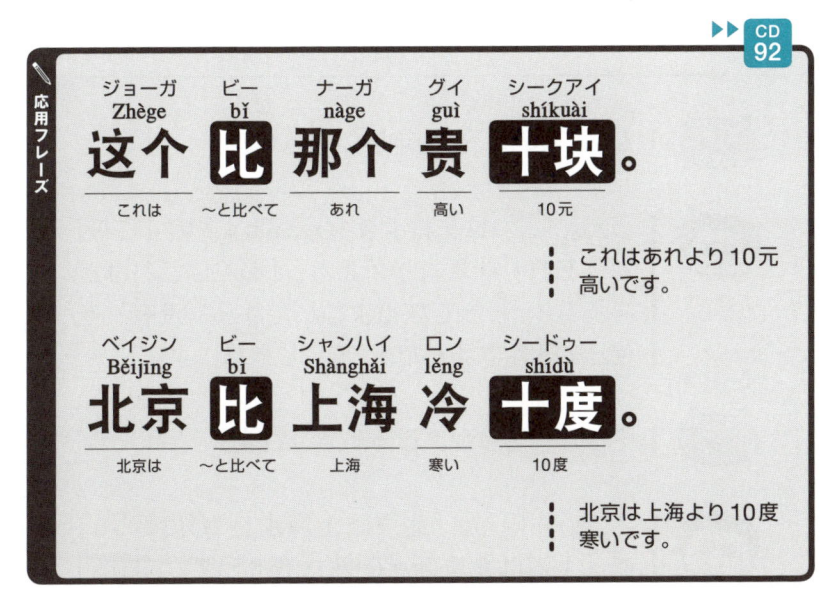

応用フレーズ ▶▶ CD 92

ジョーガ	ビー	ナーガ	グイ	シークアイ
Zhège	bǐ	nàge	guì	shíkuài
这个	比	那个	贵	十块。
これは	〜と比べて	あれ	高い	10元

これはあれより10元高いです。

ベイジン	ビー	シャンハイ	ロン	シードゥー
Běijīng	bǐ	Shànghǎi	lěng	shídù
北京	比	上海	冷	十度。
北京は	〜と比べて	上海	寒い	10度

北京は上海より10度寒いです。

🐱 数字が入ってきたぞ？

👨 **形容詞の後ろに、その差を示す数値が入ってきたんだよ**。ちなみに"块"は中国のお金の単位。

ふむふむ。2つを比較した文章の最後に、差がわかる数字を入れてるのか〜。

そうだね。じゃあ「A"比"B＋形容詞」のAとBを入れかえてみると…、どうなるかな？

>> CD 92

<ruby>那个<rt>ナーガ Nàge</rt></ruby> <ruby>没有<rt>メイヨウ méiyǒu</rt></ruby> <ruby>这个<rt>ジョーガ zhège</rt></ruby> <ruby>贵<rt>グイ guì</rt></ruby>。
あれは　ない　これ　高い

あれは、これほどは高くないです。

<ruby>上海<rt>シャンハイ Shànghǎi</rt></ruby> <ruby>没有<rt>メイヨウ méiyǒu</rt></ruby> <ruby>北京<rt>ベイジン Běijīng</rt></ruby> <ruby>冷<rt>ロン lěng</rt></ruby>。
上海は　ない　北京　寒い

上海は北京ほど寒くないです。

ん？"没有"の否定形になってる！

うん。「これはあれより10元高い。」の「これ」と「あれ」を入れかえると、「あれはこれほど高くない。」ってなるよね。だから"没有"を使って否定するんだ。"不"じゃないよ。

そっか、そっか。じゃあ2つめは？

2つめも同じ。「北京は上海より10度寒い。」を「上海は北京ほどの寒さをもっていない。」と理解すればいいよ。否定形だけど、言ってることは同じだよね。

じゃあ「AとBは同じ」って、言いたいときはどうするの？

いい質問だね。こんな感じになるよ。

▶▶ CD 92

ジョーガ	ゲン	ナーガ	イーヤン	グイ
Zhège	gēn	nàge	yíyàng	guì
这个	跟	那个	一样	贵。
これは	〜と	あれ	同じ	高い

これはあれと同じくらい高いです。

"一様" は「同じ」の意味。"跟" は「and」と同じで、2つの対象を並べる働きがある。「you and me」は "你跟我" となるんだ。

へえ〜。

「同じくらい〜だ」と言いたいときは、"一様" のあとに、"贵（高い）" "漂亮（美しい）" などの形容詞を入れるよ。そこを押さえておこう！

それじゃあ、入れかえフレーズに挑戦します！

▶▶ CD 93

入れかえフレーズ
空欄にいろいろな単語を入れてみましょう

ジョーガ	ビー	ナーガ	
Zhège	bǐ	nàge	
这个	比	那个	☐ 。
これは	〜と比べて	あれ	

バリエーション単語

ハオチー	ハオフー	ピアオリアン	ピエンイ
hǎochī	hǎohē	piàoliang	piányi
好吃	好喝	漂亮	便宜
（食べて）おいしい	（飲んで）おいしい	美しい	安い

Lesson 34　CD 94〜95

あなたは話すのが うまいです。

基本の表現
程度・レベルの表現／
上手・下手、速い・遅い

"〜得很好"は、よく使うほめ言葉！

先生：今回は、動作や行為の「程度」の表現を紹介するね。

ネコ助：動作や行為の程度？　何のことやら。

先生：難しく感じるけど、実は簡単。「〜するのがうまい（上手だ）」のような表現だよ。重宝すること間違いなしの、ほめ言葉から紹介しよう。

基本フレーズ 1　　CD 94

ニー	シュオ	ダ	ヘン	ハオ
Nǐ	shuō	de	hěn	hǎo
你	说	得	很	好。
あなたは	話す	（補語を導く）	とても	うまい

あなたは話すのがうまいです。

先生：このように「**動詞＋"得"＋程度を表す語（程度補語）**」の形にするよ。このフレーズでは"说（話す）"が動詞で、"好（うまい）"が程度を表す補語だね。そして、"得"は補語を導く助詞なんだ。

🐱 補語って何？

👨 動詞・形容詞の後ろに置いて、その補足説明をする語のこと。このフレーズでいうと、"好（うまい）"が"说（話す）"を補足説明しているよね。だから"好"が補語だよ。

🐱 「話す」のが「うまい」っていう補足説明か〜。

👨 そうだね。じゃあ、否定文を見てみよう。

▶▶ CD 94

基本フレーズ2

ニー シュオ ダ ブー ハオ
Nǐ shuō de bù hǎo
你 说 得 不 好。
あなたは 話す （補語を導く） 〜ない うまい

あなたは話すのがうまくありません。

👨 否定の場合は、**程度を表す部分を否定する**よ。"不说"とする人が多いから要注意！

🐱 程度を表している"好（うまい）"に"不"を付けるのかあ。

👨 そう。"不好"で「うまくない」ってこと。じゃあ、疑問文の形も見てみよう。CDを聴いて声にも出してね。

▶▶ CD 94

ニー シュオ ダ ハオ マ
Nǐ shuō de hǎo ma
你 说 得 好 吗？
あなたは 話す （補語を導く） うまい か

あなたは話すのがうまいですか？

あっ！ 最後に"吗?"を付けるだけだ♪

語順が変わらないから覚えやすいでしょ？ それじゃあ、ここで問題。「話すのがうまい。」だけじゃなくて、「中国語を話すのがうまい。」だったら、どんな文になるかな？

先生が問題を出すときって、たいてい難しいんですよね〜。絶対合ってる！ って思っても、いつも間違いなんだもん。

ははは！ バレた？ まあそう言わずに。気を取り直して答えてみて。

ん〜と、「中国語を」は目的語だから、動詞の次かな？ だから「あなたは中国語を話すのがうまいです。」は"你 说 汉语 得 很 好。"かなあ。

う〜ん。またしても残念！ 一見正しいようだけど、実は間違い。正解はこうなるよ。

やっぱりなあ〜。

応用フレーズ

Nǐ	shuō	Hànyǔ	shuō	de	hěn	hǎo
你	说	汉语	说	得	很	好。
あなたは	話す	中国語を	話す	（補語を導く）	とても	うまい

あなたは中国語を話すのがうまいです。

208

「動詞＋"得"＋程度を表す語」で1セットだから、そこを切り離すことはできないんだよ。

えー！ そうなんだー！

だから、「**動詞＋目的語＋動詞＋"得"＋程度**」**の語順になる**よ。つまり"说 汉语＋说 得 很 好"になるんだね。

ほえ〜。「あなたは中国語を話す」って言ったあと、「話すのがうまい」とくり返すんだ。

そういうことだね。それじゃあ、入れかえフレーズに挑戦しよう。CDをしっかり聴きながら、発音してね。

はーい！

▶▶ CD 95

入れかえフレーズ

空欄にいろいろな単語を入れてみましょう

ター　シュオ　ダ
Tā　shuō　de

他 说 得 　　　。

彼は　話す（補語を導く）

バリエーション単語

| ヘン クアイ
hěn kuài
很 快
速い | ヘン マン
hěn màn
很 慢
遅い | ヘン リウリー
hěn liúlì
很 流利
流暢である | ブー ドゥオ
bù duō
不 多
多くない |

Lesson 35 🎧 CD 96

いろいろな"没有メイヨウ"を覚えよう

基本の表現
"没有メイヨウ"4つの表現

"没有メイヨウ"は最頻出の中国ワード

ネコ助: 先生！ これでとうとう最後の授業ですね。なんだか、さみしいな…。

先生: 先生もだよ…。じゃあ、最後に復習もかねて、これまで出てきた"没有メイヨウ"を整理しようね。

ネコ助: どうして最後に"没有メイヨウ"の復習なの？

先生: この言葉は、中国でいちばん耳にすると言っても過言ではないからだよ。だから最後にしっかりマスターしてほしいんだ。まずはいちばん基本的な"有（ある）"の否定の"没有メイヨウ"から。

▶▶ CD 96

基本フレーズ1

ウォー	メイヨウ	ガンビー	
Wǒ	méiyǒu	gāngbǐ	
我	没有	钢笔。	私はペンを持っていません。
私は	持っていない	ペンを	

先生: この"没有メイヨウ"は、所有や存在を否定するときに使うんだったね。

> そうでした、そうでした。否定文は"不"を使ったり"没有"を使ったりで、混同しやすかったな～。

> そうなんだ。みんなが迷うところもそこ。ここでしっかり"没有"を使った否定文を押さえておこうね。次はこれ。

基本フレーズ2 ▶▶ CD 96

ウォー　メイヨウ　シエ　シン
Wǒ　méiyǒu　xiě　xìn
我 没有 写 信。
私は　～しなかった　書く　手紙を

私は手紙を書きませんでした。

> これは、**完了を表す"了"の文を、"没有"で否定**しているよ。

> 否定するときは、"了"を取る！

> うん。肯定文は"我 写 信 了。（私は手紙を書きました。）"だからね。それから経験を表す**"过"の否定も"没有"を使う**よ。思い出したかな？

基本フレーズ3 ▶▶ CD 96

ウォー　メイヨウ　チュー　グオ　チャンチョン
Wǒ　méiyǒu　qù　guo　Chángchéng
我 没有 去 过 长城。
私は　ない　行く　～したことがある　万里の長城に

私は万里の長城に行ったことがありません。

今度は"我 去 过 长城。(私は万里の長城に行ったことがあります。)"の主語と動詞の間に、"没有"を入れるだけ。

うんうん。"过"は取らないのが鉄則でした！ 改めて確認すると、いろんな"没有"がある〜。

でしょ？ だからちょっと厄介なことが起きるんだ。次の3つの疑問文を見てみて。どれも「いいえ」とひと言で答えるときは、"没有"になるんだよ。

ニー ヨウ ガンビー マ
Nǐ yǒu gāngbǐ ma
你 有 钢笔 吗？
あなたは 持っている ペンを か

あなたはペンを持っていますか？

ニー シエ シン ラ マ
Nǐ xiě xìn le ma
你 写 信 了 吗？
あなたは 書く 手紙を 〜した か

あなたは手紙を書きましたか？

ニー チュー グオ チャンチョン マ
Nǐ qù guo Chángchéng ma
你 去 过 长城 吗？
あなたは 行く 〜したことがある 万里の長城に か

あなたは万里の長城に行ったことがありますか？

え〜〜！「持ってない」「書かなかった」「行ったことがない」の全部が"没有"!?

うん。それともう1つ、「○○ほど〜ない」という比較の否定も"没有"だったよね。

(無言)

> 基本フレーズ 4　CD 96

ナーガ Nàge	メイヨウ méiyǒu	ジョーガ zhège	グイ guì
那个	没有	这个	贵。
あれは	ない	これ	高い

あれは、これほどは高くありません。

🐱 そうだ…。これも"没有(メイヨウ)"だったか…。それにしても多いな〜。

👨 だよね。中国語を知らない人でも、現地に行くと"没有(メイヨウ)"だけは覚えて帰ってくると言われてるよ。別に、中国に「ないもの」が多いわけじゃないからね（笑）。

＊＊＊＊＊＊＊＊＊＊＊＊＊＊＊＊＊＊＊＊＊＊＊＊＊＊＊

👨 さて、これで授業は終わり。ここまでよくがんばったね！　でもこの授業で教えたのは、ほんの基礎編。中国語はまだまだ奥が深いからね。「日々のたゆまぬ努力が肝心である」の意味をもつ「雨だれ石をうがつ」という成句があるけど、これを中国語では"滴水穿石(ディーシュイチュアンシー)"というよ。この言葉を忘れず、これからもがんばってね。

🐱 いい言葉〜。これからも中国語の勉強を続けます！　どうもありがとうございました（礼）。

👨 うん。ネコ助くん、卒業おめでとう!!　本の前のみんなも、卒業おめでとう。

　　　　　　　　　　　　　　　　おしまい

復習問題 7時間目 「基本文型をマスター3」のおさらいトレーニング

1. 日本語を参考に、中国語を正しい順序に並べかえましょう。
▶Lesson31〜35

❶ 私は中国に行ったことがあります。

▶ _____

[去 / 中国 / 我 / 过]
　qù　Zhōngguó　wǒ　guo
　チュー　ジョングオ　ウォー　グオ

❷ これはあれより高いです。

▶ _____

[贵 / 比 / 这个 / 那个]
　guì　bǐ　zhège　nàge
　グイ　ビー　ジョーガ　ナーガ

❸ あなたは話すのがうまくありません。

▶ _____

[你 / 不 / 得 / 说 / 好]
　nǐ　bù　de　shuō　hǎo
　ニー　ブー　ダ　シュオ　ハオ

2. 次の中国語を、日本語に訳してみましょう。

▶Lesson31～35

❶ ウォー チュー グオ サンツー ジョングオ
Wǒ qù guo sāncì Zhōngguó
我 去 过 三次 中国。

(　　　　　　　　　　　　　　　　　　　)

❷ ウォー マイ リーウー ゲイ ニューポンヨウ
Wǒ mǎi lǐwù gěi nǚpéngyou
我 买 礼物 给 女朋友。

(　　　　　　　　　　　　　　　　　　　)

❸ ジョーガ ゲン ナーガ イーヤン グイ
Zhège gēn nàge yíyàng guì
这个 跟 那个 一样 贵。

(　　　　　　　　　　　　　　　　　　　)

❹ ニー シュオ ハンユー シュオ ダ ヘン ハオ
Nǐ shuō Hànyǔ shuō de hěn hǎo
你 说 汉语 说 得 很 好。

(　　　　　　　　　　　　　　　　　　　)

❺ ウォー ズオ ディエンチョー チュー バイフオシャンディエン
Wǒ zuò diànchē qù bǎihuòshāngdiàn
我 坐 电车 去 百货商店。

(　　　　　　　　　　　　　　　　　　　)

復習問題 7時間目 答えと解説

1.

❶ 我 去 过 中国。
　ウォー　チュー　グオ　ジョングオ
　Wǒ　qù　guo　Zhōngguó

解説　「動詞＋"过"」で「〜したことがある」という経験を表す。これを否定にすると"我 没有 去 过 中国。（私は中国に行ったことがありません。）"となる。

❷ 这个 比 那个 贵。
　ジョーガ　ビー　ナーガ　グイ
　Zhège　bǐ　nàge　guì

解説　比較の表現は、このように「A"比"B＋形容詞（AはBより〜だ）」の語順となる。

❸ 你 说 得 不 好。
　ニー　シュオ　ダ　ブー　ハオ
　Nǐ　shuō　de　bù　hǎo

解説　程度の表現は「動詞＋"得"＋程度を表す語」となる。この問題のように否定の場合は、"不 好（うまくない）"と程度を表す語の部分を否定する。

2.

❶ 私は中国に3回行ったことがあります。

解説 「**動詞＋"过"**」で**経験**を表し、**回数は目的語の前**に入れる。目的語が代名詞なら、"我 见 过 他 三次。（私は彼に3回会ったことがあります。）"のように、回数は目的語のあとに置かれる。

❷ 私はプレゼントを買って彼女にあげます。

解説 **動作の起こる順番に並べている**。"我 买 礼物（私はプレゼントを買う）"→"给 女朋友（彼女にあげる）"。

❸ これはあれと同じだけ高いです。

解説 「**A "跟" B ＋ "一样"**」の形で「**AとBは同じである**」ということを表し、そのあとに性質を表す語、この場合は"贵（高い）"が置かれる。

❹ あなたは中国語を話すのがうまいです。

解説 "说 得 很好"で「**話すのがうまい**」、目的語は前に置かれて、"说 汉语（中国語を話す）"＋"说 得 很 好（話すのがうまい）"の語順になる。

❺ 私は電車に乗ってデパートに行きます。

解説 動詞を2つ使い、"坐 电车"が"去 百货商店"の**手段**になっている。

7時間目のまとめ

"没有"は一番の頻出フレーズ！ いろいろな意味があるから、じょうずに使い分けよう。

この本で学んだ基本文型・文法のまとめ

2時間目のまとめ

Lesson 6 ▶P034
「AはBです」の構文は、**主語（A）＋"是"＋名詞（B）**。
我 是 日本人。｜ 私は日本人です。

Lesson 7 ▶P038
A是Bの構文は、**"不"で否定**する。
他 不 是 日本人。｜ 彼は日本人ではありません。

A是Bの構文は、**疑問文では文末に"吗?"**。
他 是 中国人 吗？｜ 彼は中国人ですか？

Lesson 8 ▶P042
「〜をする」の構文は、**主語＋動詞＋目的語**。
我 看 电视。｜ 私はテレビを見ます。

「〜をする」の構文は、**"不"で否定**する。
我 不 看 电视。｜ 私はテレビを見ません。

「〜をする」の構文は、**疑問文では文末に"吗?"**。
你 看 电视 吗？｜ あなたはテレビを見ますか？

肯定＋否定でも疑問文になる。
你 看 不 看 电视？｜ あなたはテレビを見ますか？

Lesson 9 ▶P050
「〜してください」の構文は、**"请"＋動詞＋目的語**。
请 喝 茶。｜ お茶をどうぞ。

「お尋ねします」の表現は、**"请 问，〜?"**。
请 问, 你 是 中国人 吗？｜ お尋ねします。あなたは中国の方ですか？

Lesson 10 ▶P054
形容詞を使う構文は、**主語＋形容詞**。
我 很 高兴。｜ 私はうれしいです。

形容詞を使う構文は、**"不"で否定**する。
我 不 高兴。｜ 私はうれしくありません。

形容詞を使う構文は、**疑問文では文末に"吗?"**。
你 高兴 吗？｜ あなたはうれしいですか？

形容詞を使う構文も、**肯定＋否定で疑問文**になる。
你 高兴 不 高兴？｜ あなたはうれしいですか？

3時間目のまとめ

Lesson 11 ▶P066
「持っている、ある、いる」の構文は、**人／場所＋"有"＋名詞**。
我 有 词典。｜ 私は辞書を持っています。

218

Lesson 12 ▶P070	「持っている、ある、いる」の構文は、**"没"で否定**する。 **我 没 有 词典。** ｜ 私は辞書を持っていません。
	「持っている、ある、いる」の構文は、**疑問文では文末に"吗"**。 **你 有 词典 吗？** ｜ あなたは辞書を持っていますか？
Lesson 13 ▶P074	"在"の「ある、いる」の構文は、**人／物＋"在"＋場所**。 **老师 在 教室里。** ｜ 先生は教室にいます。
	"在"の「ある・いる」の構文は、**"不"で否定**する。 **他 不 在 日本。** ｜ 彼は日本にいません。
	"在"の「ある・いる」の構文は、**疑問は文末に"吗？"**。 **陈先生 在 吗？** ｜ 陳さんはいますか？
	「〜で〜する」の構文は、**人／物＋"在"＋場所＋動詞**。 **我 在 房间里 吃饭。** ｜ 私は部屋で食事をします。
Lesson 14 ▶P084	「〜の(所有・所属)○○」の表現は、**人称代名詞＋"的"＋名詞**。 **我 的 手机** ｜ 私の携帯電話
	「〜な○○」の表現は、**形容詞＋"的"＋名詞**。 **很 贵 的 大衣** ｜ とても高いコート
	「〜を〜する○○」の表現は、**動詞＋目的語＋"的"、＋名詞**。 **学习 汉语 的 学生** ｜ 中国語を学ぶ学生
Lesson 15 ▶P088	意見を求める「じゃあ〜は？」は、**文章＋，"〜呢？"**。 **我 听 音乐，你 呢？** ｜ 私は音楽を聴きますが、あなたは？
	物を探している**"呢？"**。 **我 的 钱包 呢？** ｜ 私の財布は？
	提案、勧誘の**"吧"**。 **我们 吃 晚饭 吧。** ｜ 私たち、晩ご飯を食べましょう。
	軽い命令の**"吧"**。 **你 先 去 吧。** ｜ あなた、先に行ってください。
	推測の**"吧"**。 **他 是 中国人 吧。** ｜ 彼は中国人でしょう。

4時間目のまとめ

Lesson 16 ▶P098	「何」は**"什么"**、「誰」は**"谁"**で、**知りたい部分にあてはめるだけ。文末に"吗"を付けない**。 **你 喝 什么？** ｜ あなたは何を飲みますか？ **谁 喝 红茶？** ｜ 誰が紅茶を飲みますか？

Lesson 17
▶P102

「どこ」は"哪儿"、「どれ」は"哪个"で、知りたい部分にあてはめるだけ。文末に"吗"を付けない。

银行 在 哪儿? ｜ 銀行はどこにありますか?
你 要 哪个? ｜ あなたはどれがほしいですか?

Lesson 18
▶P106

相手の感想や意向を尋ねる「どうですか?」は"怎么样"。

这个 手表 怎么样? ｜ この腕時計はどう?

「どう、どのように」は"怎么"で、動詞の前に置く。

百货大楼 怎么 走? ｜ デパートはどう行きますか?

Lesson 19
▶P114

数が少ないことが予想されるときは"几"で尋ねる。

你 要 几个 面包? ｜ あなたはパンを何個ほしいですか?

数が多いことが予想されるときは"多少"で尋ねる。

这个 手表 多少钱? ｜ この腕時計はいくらですか?

量詞は物の性質や特徴によって変わる。

一个人 ｜ 1人の人
三杯茶 ｜ 3杯のお茶

Lesson 20
▶P118

「いつ?」は"什么时候"。

你 什么 时候 到 上海? ｜ あなたはいつ上海に着きますか?

時を表す語は動詞よりも前に置く。
我 明天 到 上海。 ｜ 私は明日上海に着きます。

時間量を表す語は最後に付く。
我 等 了 一个 小时。 ｜ 私は1時間待ちました。

5時間目のまとめ

Lesson 21
▶P130

年月日の表し方。「～日」は"～号"。
年の部分は1つ1つの数字を読む。

一九九八年 十月 四号 ｜ 1998年10月4日

曜日は数字で表す。ただし日曜日は"星期天"となる。
星期 五 ｜ 金曜日

時間の表し方。「～時」は"～点"。
上午 十点 三十六分 ｜ 午前10時36分

「今日は～」「今は～」のように年月日や時刻を表す場合は"是"は不要。
今天 七月 九号 星期天。 ｜ 今日は7月9日 日曜日です。

年月日や時刻を尋ねる場合も、**わからない部分に"几"を入れる**。
今天 几月 几号？ ｜ 今日は何月何日ですか？

Lesson 22 ▶P136
「AにBを〜する」の構文は、**動詞＋A＋B**。
我 教 你 汉语。 ｜ 私はあなたに中国語を教えます。

Lesson 23 ▶P142
二者択一の**「それとも」は"还是"。文末に"吗"を付けない**。
他 来 还是 你 来？ ｜ 彼が来ますか？ それともあなたが来ますか？

主語が共通の場合は後ろの主語を省略できる。
你 喝 咖啡 还是 喝 红茶？ ｜ あなたはコーヒーを飲みますか？
｜ それとも紅茶を飲みますか？

Lesson 24 ▶P146
いろいろな介詞。**「〜から〜まで」は"从〜到〜"**。
我 从 七点 到 八点 看 电视。 ｜ 私は7時から8時までテレビを見ます。

介詞は動詞の前に置く。**"跟（〜と）""给（〜に）""对（〜に対して）"**などがある。
我 跟 学生们 谈话。 ｜ 私は生徒たちと話をします。
我 给 你 打电话。 ｜ 私はあなたに電話をします。
我 对 足球 感 兴趣。 ｜ 私はサッカーに興味があります。

Lesson 25 ▶P152
「〜したい」は動詞の前に"想"を置く。
我 想 去 卡拉OK。 ｜ 私はカラオケに行きたいです。

「〜したくない」の場合は"想"の部分を否定する。
我 不想 去。 ｜ 私は行きたくありません。

「〜しなければならない」は"要"。
我 要 洗 衣服。 ｜ 私は服を洗わなければなりません。

6時間目のまとめ

Lesson 26 ▶P162
いろいろな**「知っている」**は、知り方によって違う。
明白 了。 ｜ （理解して）わかりました。
知道 了。 ｜ （知って）わかりました。
看 懂 了。 ｜ （見て）わかりました。（否定：看不懂。）
听 懂 了。 ｜ （聞いて）わかりました。（否定：听不懂。）

Lesson 27 ▶P168
動詞を重ねると**「ちょっと〜する」「試しに〜する」**の意味になる。
この重ね型は、**動きがある動詞**に限られる。
我 看看。 ｜ 私はちょっと見てみます。

動詞と動詞の間に"一"を入れてもよい。この重ね型は、**動きがある動詞**に限られる。
我 问 一 问 他。 ｜ 私はちょっと彼に聞いてみます。

Lesson 28 ▶P172

「〜できる」は3パターンある。いずれも動詞の前に置く。
「(練習の結果)できる」は、"会"。
我 会 说 汉语。｜ 私は中国語を話せます。

「(能力や条件があって)できる」は、"能"。
他 有 钱，能 买 汽车。｜ 彼はお金を持っていて、車を買えます。

「(条件や環境的に許されて)できる」は、"可以"。
这儿 可以 抽 烟。｜ ここではたばこを吸えます。

Lesson 29 ▶P178

完了を表す構文は"了"を文末に置く。
我 发 邮件 了。｜ 私はメールを送りました。

完了の否定は"没有"を使い、文末の"了"を取る。
我 没有 发 邮件。｜ 私はメールを送りませんでした。

目的語に数詞がある場合は、動詞の後ろに"了"を置く。
我 发 了 一封 邮件。｜ 私はメールを1通送りました。

Lesson 30 ▶P182

「〜している(進行)」の構文は、**動詞の前に"在""正在""正"を置く**。
我们 正在 聊天。｜ 私たちはおしゃべりをしています。

「〜している(状態)」の構文は、**動詞＋"着"**。
我 穿着 衣服。｜ 私は服を着ています。

7時間目のまとめ

Lesson 31 ▶P194

「〜したことがある(経験)」の構文は、**動詞の後ろに"过"を置く**。
我 去 过 中国。｜ 私は中国に行ったことがあります。

"过"の否定は"没有"を使い、文末の"过"はそのまま。
我 没 去 过 中国。｜ 私は中国に行ったことがありません。

回数を入れる場合、普通の目的語なら**動詞＋回数＋目的語**。
我 去 过 三次 中国。｜ 私は中国に3回行ったことがあります。

目的語が代名詞なら、**動詞＋目的語＋回数**。
我 见 过 他 三次。｜ 私は彼に3回会ったことがあります。

Lesson 32 ▶P198

2つの動詞をもつ構文は3種類。
「〜しに行く(来る)」の構文は、**"去(来)"＋動詞**。
我 去(来) 买 礼物。｜ 私はプレゼントを買いに行きます(来ます)。

「〜して〜する」の構文は、**動作が起こる順序で動詞を並べる**。
我 买 礼物 给 女朋友。｜ 私はプレゼントを買って彼女にあげます。

「〜で〜する」の構文は、**前の動詞が後ろの動詞の手段を表す**。
我 坐 电车 去 百货商店。｜ 私は電車に乗ってデパートに行きます。

Lesson 33 ▶P202	「AはBよりも〜だ」の構文は、**A "比" B＋形容詞**。
	这个 比 那个 贵。 これはあれより高いです。
	差を示す数値が入る場合は、**A "比" B＋形容詞＋差の数値**。
	这个 比 那个 贵 十块。 これはあれより10元高いです。
	否定の場合は、**B "没有" A＋形容詞**。
	那个 没有 这个 贵。 あれは、これほどは高くないです。
	同じであることを表す構文は、**A "跟" B＋"一样（形容詞）"**。
	这个 跟 那个 一样（贵）。 これはあれと同じ（くらい高い）です。

Lesson 34 ▶P206	程度を表す表現は、**動詞＋"得"＋程度を表す語**。
	你 说 得 很 好。 あなたは話すのがうまいです。
	否定の場合は、**程度を表す部分を否定**する。
	你 说 得 不 好。 あなたは話すのがうまくありません。
	目的語をもつ場合は、**動詞＋目的語＋動詞＋"得"＋程度**。
	你 说 汉语 说 得 很 好。 あなたは中国語を話すのがうまいです。

Lesson 35 ▶P210	4種類の"没有"。
	「ない」を表す"没有"。
	我 没有 钢笔。 私はペンを持っていません。
	完了の文を否定する"没有"。
	我 没有 写信。 私は手紙を書きませんでした。
	経験の文を否定する"没有"。
	我 没有 去 过 长城。 私は万里の長城に行ったことがありません。
	「○○ほど〜ない」という**比較の否定をする"没有"**。
	那个 没有 这个 贵。 あれは、これほどは高くありません。

著者

川原祥史　かわはら よしひと

埼玉大学教養学部(中国語学専攻)卒。1984年からメーカーや商社で中国貿易輸出入業務、通訳・翻訳などに携わったのち企業の赴任者向けにビジネス中国語会話や貿易実務などを指導している。中国ビジネスに関する講演会や教材ビデオなどに出演するかたわら、中国語初心者の気持ちを理解し、苦手意識を克服するためのわかりやすい指導にも力を注いでいる。

〈著書〉
『聴ける！読める！書ける！話せる！ 中国語初歩の初歩』『ひとりで学べる中国語会話』(高橋書店)、『中国語検定4級・準4級問題集』『中国語検定3級問題集』『中国語検定2級問題集』(池田書店)など

世界でいちばんやさしい
中国語の授業

著　者　　川原祥史
発行者　　高橋秀雄
発行所　　株式会社 高橋書店
　　　　　〒170-6014 東京都豊島区東池袋3-1-1 サンシャイン60 14階
　　　　　電話　03-5957-7103

ISBN978-4-471-11314-8　　ⒸEDIPOCH　Printed in Japan

定価はカバーに表示してあります。
本書および本書の付属物の内容を許可なく転載することを禁じます。また、本書および付属物の無断複写(コピー、スキャン、デジタル化等)、複製物の譲渡および配信は著作権法上での例外を除き禁止されています。

本書の内容についてのご質問は「書名、質問事項(ページ、内容)、お客様のご連絡先」を明記のうえ、郵送、FAX、ホームページお問い合わせフォームから小社へお送りください。
回答にはお時間をいただく場合がございます。また、電話によるお問い合わせ、本書の内容を超えたご質問にはお答えできませんので、ご了承ください。本書に関する正誤等の情報は、小社ホームページもご参照ください。

【内容についての問い合わせ先】
　書　面　〒170-6014 東京都豊島区東池袋3-1-1 サンシャイン60 14階　高橋書店編集部
　ＦＡＸ　03-5957-7079
　メール　小社ホームページお問い合わせフォームから　(https://www.takahashishoten.co.jp/)

【不良品についての問い合わせ先】
　ページの順序間違い・抜けなど物理的欠陥がございましたら、電話03-5957-7076へお問い合わせください。
　ただし、古書店等で購入・入手された商品の交換には一切応じられません。